Susan Alexander Yates
Allison Yates Gaskins

Mein Kind in Gottes Händen

Über die Autoren

Susan Alexander Yates ist Mutter von fünf erwachsenen Kindern. Zusammen mit ihrem Mann John hält sie häufig Vorträge über Ehe und Familie, meist in den USA. Sie tritt regelmäßig in amerikanischen Radiosendungen auf und schreibt auch für eine christliche Frauenzeitschrift. Das Ehepaar wohnt in Falls Church in Virginia.

Allison Yates Gaskins, Tochter von Susan A. und John Yates, hat vier Kinder und lebt mit ihrer Familie in Ligonier, Pennsylvania.

Susan Alexander Yates
Allison Yates Gaskins

Mein Kind in Gottes Händen

GerthMedien

Die amerikanische Originalausgabe erschien im Verlag Baker Books
unter dem Titel „31 Days of Prayer for My Child".

Aus dem Amerikanischen übersetzt von Ulrike Becker

Best.-Nr. 816 112
ISBN 978-3-86591-112-4
1. Auflage 2007
Umschlaggestaltung: Hanni Plato
Umschlagfoto: Corbis/Ole Graf
Satz: Die Feder GmbH, Wetzlar
Druck und Verarbeitung: GGP Media GmbH, Pößneck
Printed in Germany

Dieses Buch ist unseren
„Donnerstagmorgen-Freundinnen" in McLean, Virginia,
sowie unseren „Mittwochmorgen-Freundinnen"
in Ligonier, Pennsylvania, gewidmet.
Eure Freundschaft und Partnerschaft hat uns
auf unserem Lebensweg viel Freude bereitet.
Wie ihr euer Leben führt, ist für uns ein eindrückliches Beispiel
für den Satz aus Sprüche 25,11 geworden:
„Wie goldene Äpfel auf silbernen Schalen,
so sind treffende Worte im richtigen Augenblick."
Wir danken euch.

Inhalt

Über das Buch

Als Eltern kleiner Kinder wissen wir nur zu gut, wie notwendig es ist, für unsere Kinder zu beten. Aber oft sind wir so erschlagen von den Nöten unserer Kinder - und auch von unseren eigenen -, dass wir gar nicht wissen, wo wir anfangen sollen.

Dieses Buch will Ihnen dabei helfen.

Die Gebete entsprechen im Grobaufbau in etwa den Psalmen Davids. Sie beginnen jeweils mit einer Aussage darüber, was wir im Bezug auf unser Kind *empfinden* und wie es uns mit unserer Aufgabe als Mutter geht. Dann folgt eine Aussage über Gott und sein Wesen, verbunden mit einer *konkreten* Bitte an ihn.

Beim Lesen werden Sie möglicherweise feststellen, dass die Gebete manchmal mit einer Beschreibung von eigenen Gefühlen beginnen, die Sie in diesem Augenblick gerade nicht teilen. Stolpern Sie nicht darüber, sondern drücken Sie Ihre eigenen Gefühle vor Gott aus. Beten Sie im Einklang mit den Verheißungen, die Gott uns in der Bibel gegeben hat. Falls der für den Tag vorgesehene Text einmal nicht zu Ihrer Situation passt, können Sie gerne auch den Text für einen anderen Tag aufschlagen, der zu Ihrem momentanen Anliegen besser passt.

Verstehen Sie die Gebete in diesem Buch nicht als schematisch vorgefertigte Texte zum Nachsprechen, sondern als Anregung. Sie sollen Sie dazu inspirieren, die Gewohnheit zu entwickeln, täglich Ihre speziellen Nöte und Anliegen vor Gott zu bringen. Die Fürbitte für Ihr Kind ist etwas sehr Persönliches! Aber es ist auch notwendig, dass wir für uns selbst beten. Das hat sogar Jesus getan!

Wenn Sie das Buch fortlaufend verwenden, wird die Lektüre

Ihnen helfen, täglich für Ihr Kind zu beten, und Sie werden die freudige Erfahrung machen, dass Gott Sie auf diesem Weg regelmäßig ermutigen wird. Außerdem werden Sie dabei auch auf Themen stoßen, die Ihnen sonst vielleicht nicht in den Sinn gekommen wären.

Wenn es Ihnen mehr entspricht, können Sie auch direkt das Thema aufschlagen, das Sie momentan besonders anspricht. Im Inhaltsverzeichnis finden Sie die Themen für alle 31 Gebetstage.

Noch etwas: Wir haben versucht, „er" und „sie" (bzw. „Sohn" und „Tochter") in einem ausgewogenen Verhältnis zu verwenden. Die Schreibweise „er/sie" lenkt unserer Meinung nach zu sehr vom Inhalt ab. Bitte setzen Sie jeweils das für Ihr Kind zutreffende Geschlecht ein.

Im Anschluss an das Gebet für den jeweiligen Tag finden Sie verschiedene Anregungen, das Gelesene zu vertiefen und für sich persönlich erfahrbar zu machen. Verwenden Sie die leeren Zeilen, um Ihre persönliche Fürbitte für Ihr Kind zu formulieren. Wenn Sie das Buch einen Monat später erneut zur Hand nehmen, werden Sie viel Mut daraus schöpfen, wenn Sie sehen, wie Gott Ihre Bitten erhört hat. Schreiben Sie einen Wesenszug Gottes auf, der Ihnen beim Beten wichtig geworden ist (beispielsweise „Ich danke dir, Gott, für deine Treue"). Sie können sich dann den Tag über immer wieder vor Augen halten, was diese Treue Gottes für Sie bedeutet. Und schließlich können Sie noch die angegebenen Bibelverse nachlesen und sich eine Verheißung aufschreiben, die Sie besonders anspricht. Gott wird Sie durch sein Wort ermutigen!

Vielleicht ist es das erste Mal, dass Sie für Ihr Kind beten, und vielleicht denken Sie jetzt: *Ich bin mir gar nicht sicher, ob ich überhaupt so mit Gott reden darf.* Ich kenne ihn noch gar nicht richtig. Wenn Sie sich unsicher sind, dann schauen Sie doch einmal in den Anhang, bevor Sie beginnen, für Ihr Kind zu beten.

Wie auch immer Sie mit diesem Buch arbeiten, eines möchten wir von Gott erbitten: Er möge Ihnen die Erfahrung schenken, dass es nicht nur darum geht, Ihre momentanen Sorgen über Ihr Kind zu Gott zu bringen, sondern auch darum, dass Sie eine Liebesbeziehung zu dem Gott entwickeln, der sich jeden Tag neu um Ihr Kind und um Sie kümmert!

Einleitung

Ich bin kein sonderlich guter Beter.

Aber ich wäre es gerne.

Ich habe diese Vision, dass ich mich jeden Tag eine Stunde in meinem Zimmer einschließe und – mit geschlossenen Augen und voller Inbrunst – meinen „direkten Draht“ zu Gott heiß laufen lasse. Ich besitze sogar eine Bibel, ein Gebetstagebuch und einen ergonomisch geformten Sessel!

Doch in diesem Sessel stapelt sich die Bügelwäsche. Aus meiner Bibel wurde schon so manche Seite herausgerissen und mein Sohn hat bereits jede einzelne Seite meines Gebetstagebuches vollgekritzelt. Ja, er schleppt es sogar im Haus mit sich herum, weil er es als sein Eigentum betrachtet. Das Schloss in unserem Schlafzimmer ist kaputt und ich habe ohnehin die Befürchtung, dass ich gegen das Gesetz verstoßen würde, wenn ich mich vor meinen Kindern verbarrikadieren würde (obwohl ich es manchmal am liebsten täte!).

Erleben Sie gerade Ähnliches? Wenn ja, dann sind Sie mit Sicherheit auch Mutter kleiner Kinder.

Die Verantwortung, meine noch kleinen Kinder großzuziehen, lastet tonnenschwer auf mir. Ich habe Angst zu versagen. Ich möchte für meine Kinder beten – ich möchte das wirklich! Ich habe gelernt, dass nicht automatisch alles bestens läuft, selbst wenn ich „alles richtig“ gemacht habe – wenn ich alles genauso gemacht habe, wie mir meine Mutter oder die „Super-Nanny“ und andere Erziehungsexperten raten.

Die Kindererziehung folgt keiner fairen und eindeutigen Gleichung: A und B ergeben eben nicht immer C. Wenn mein Säugling gerade anfängt, die Nacht durchzuschlafen, beginnt mein Zweijähriger, ins Bett zu machen. Und nachdem das erledigt ist, fängt mein Kindergartenkind an, nachts schlecht zu träumen. Bald werde ich dann aufwachen und aus meinen Kindern sind Teenager geworden und dann werde ich nicht mehr schlafen können, weil sie abends weggehen oder mit dem Auto unterwegs sind. Und noch ein wenig später werden sie erwachsen sein. Dann werden sie mir für das, was ich ihnen gegeben habe, dankbar sein, aber sie werden ihr Leben dann nach ihren eigenen Vorstellungen gestalten wollen. Aber heute bin ich noch dabei, ihre Windeln zu wechseln, ihnen das Essen zu kochen und in Bergen von Wäsche unterzugehen. Und das sind die prägendsten Tage im Leben meiner Kinder!

Ich habe solche Angst, diesem Job nicht gewachsen zu sein. Als ich Mutter wurde, dachte ich, es wäre genug, einfach nur zu tun, was meine Mutter auch getan hat. (Schließlich ist sie eine tolle Frau und ich bin ja auch ganz gut geraten!) Aber nun erkenne ich, dass es nicht ganz so einfach ist, wie es zunächst klingt.

HILFE!

Ich habe keine Ahnung, wie ich das alles heil überstehen soll. Ich weiß gar nicht, wofür ich beten soll. Ich habe keine Ahnung, was ich tun muss, um „eine gute Mutter" zu sein. Ich weiß nicht, was ich anstellen muss, damit aus meinen Kindern anständige Menschen werden, die Gott lieben und ihm durch ihr Leben Ehre machen. Meine Mutter sagt mir immer, dass es ihr auch nicht anders gegangen ist. Ich werde ihr das hoffentlich eines Tages glauben! Doch an einem Punkt sind wir einer Meinung: Eine gute Mutter zu sein wurde noch keiner Frau in die Wiege gelegt. Wir alle genügen den Anforderungen nur unvollkommen. Darum brauchen wir – wie jede Frau vor uns und nach uns auch – Gottes Hilfe. Denn er ist vollkommen!

Ein paar Dinge weiß ich mit Sicherheit:

Gott hat mich geschaffen und er liebt mich.
Gott hat meine Kinder geschaffen und er hatte
seine Gründe, sie gerade unserer Familie anzuvertrauen.
Ihm liegt ihr Wohlbefinden noch viel mehr am Herzen
als mir. (Geht das überhaupt?)
Und: Er hört mein Gebet.

Und das Tröstlichste ist vermutlich: Wenn ich schwach bin (insbesondere in meiner Rolle als Mutter), dann ist er stark.

Ich hege den selbstsüchtigen Wunsch, als eine „Frau des Gebetes" bekannt zu sein – eben weil ich es bis jetzt noch nicht bin. Ich bete weder häufig genug noch lang genug noch intensiv genug – noch nicht einmal für meine Kinder. Oft bekomme ich gerade noch ein „Gott segne sie und lass sie morgen gesund wieder aufwachen!" über die Lippen, bevor ich todmüde ins Bett falle. Oft stöhne ich frustriert: „Herr, ich komme einfach nicht klar. Bitte, spring für mich ein!"

Und das tut er!

Und das wird er immer wieder tun!

Eines habe ich als erwachsene Tochter einer noch immer unermüdlich betenden Mutter gelernt: *Gott ist treu und er hört und erhört unsere Gebete.* Es ist nicht annähernd so wichtig, wer und wie ich oder meine Mutter oder meine Kinder sind, als vielmehr, wer und wie Gott ist. Es kommt einzig darauf an, dass er die Quelle all dessen ist, was wir im Leben und bei der Bewältigung unserer Aufgaben als Mutter brauchen. Es mag momentan mein Job sein, diese mir unendlich wertvollen Kinder großzuziehen, aber eigentlich liegt alles an Gott. Wir können und sollen alles, was zu unserem Leben gehört, im Gebet vor ihn bringen. Wir werden diese Kinder als Mütter begleiten, aber Gott wird sie in seiner unendlichen Weisheit und Gnade als Menschen seines Eigentums heranwachsen lassen.

Als Maria mit Jesus schwanger war und ihre ebenfalls schwangere Cousine Elisabeth besuchte, sprach diese ein wunderschönes Segenswort über Maria aus: „Du darfst dich freuen, denn du hast geglaubt, dass sich erfüllen wird, was der Herr dir ankündigen ließ" (Lukas 1,45).

Sie und ich können diesen Segen ebenfalls in Anspruch nehmen. Glauben Sie fest daran, dass Gott Ihre Gebete für Ihre Kinder hören wird und dass der, der das gute Werk in Ihrem Sohn, Ihrer Tochter – und auch in Ihnen selbst – begonnen hat, es auch vollenden wird.

Lassen Sie uns gemeinsam für unsere Kinder beten!

Allison Yates Gaskins

Wenn ihr dann in meinem Namen,
unter Berufung auf mich, um irgendetwas bittet,
werde ich es tun. So wird durch den Sohn die Herrlichkeit
des Vaters offenbar werden.
Ja, wenn ihr mich um etwas bittet und euch dabei
auf mich beruft, werde ich eure Bitte erfüllen.
(Johannes 14,13–14)

1. TAG

Wenn es die „perfekte Mutter" gibt, gehöre ich mit Sicherheit nicht dazu!

Wir betrachten uns selbst oft als Versager. Wir haben eine Vorstellung im Hinterkopf, wie „eine perfekte Mutter" sein muss, und stellen fest, dass wir dieses Ideal bei der Erziehung unseres Kindes um Welten verfehlen. Was aber erwartet Gott eigentlich von mir? Warum hat er gerade mir dieses Kind anvertraut?

HERR, ich weiß nicht, wie ich mit diesem Kind fertig werden soll. Die Kleine weiß genau, welchen Knopf sie drücken muss, um mich auf die Palme zu bringen – und sie ist wirklich noch sehr klein! Manchmal erkenne ich in ihr meine schlimmsten Eigenschaften und bin dann wie gelähmt. Hättest du mir für den Anfang nicht ein einfacheres Kind geben können, damit ich erst einmal lernen kann, wie das mit der Kindererziehung läuft? Ich habe wirklich den Eindruck, dass ich bei unserer Kleinen alles falsch mache. Ich bin völlig überfordert mit dem Kind, das du mir anvertraut hast.

Meine Freundin ist mir auch keine große Hilfe. Sie scheint alles im Griff zu haben. Sie verliert nie die Nerven. Sie macht immer ihre Stille Zeit. Und sie sieht sogar noch gut aus. Für sie scheint die

Erziehung ein Kinderspiel zu sein. Kann es so etwas überhaupt geben? Wie macht sie das nur? Und wann, Herr, wirst du mich endlich in die Geheimnisse der Kindererziehung einweihen?

Himmlischer Vater, ich bin so froh, dass du nicht von mir erwartest, „die perfekte Mutter" zu sein.* Perfekte Eltern gibt es nicht! Weder unter meinen Bekannten noch in der Bibel. Wir machen alle Fehler. Nur du bist vollkommen.

Du hast auch keinen Fehler gemacht, als du gerade mir dieses Kind anvertraut hast.* Du hattest unsere Familie im Blick, als du die Kleine schufst. Ich weiß, dass du jedes unserer Kinder so gewollt hast, wie es ist; dass du diese Kinder in unsere Familie hineingestellt hast – und zwar genau in dieser Geschwisterfolge und genau mit der Persönlichkeit, die jedes von ihnen besitzt. Und ich weiß auch, dass du uns unsere Kinder nicht nur zur Erziehung anvertraut hast, sondern dass du auch mich durch die Kinder zu dem Menschen reifen lässt, als den du mich geschaffen hast.*

Mach mich offen für die Erfahrungen, die du mir durch dieses Kind zuteilwerden lässt. Hilf, mir immer wieder neu bewusst zu werden, dass du in meiner Schwachheit stark bist.* Lass mich durch dieses Kind kostbare Schätze entdecken, durch die ich immer mehr von deinem Wesen erkenne.

Denn der Herr ist gut zu uns, seine Liebe hört niemals auf, von einer Generation zur anderen bleibt er treu.
(Psalm 100,5)

* Bibelverse (in der Reihenfolge der mit Sternchen markierten Stellen im Gebet): Psalm 103,13-14; 5. Mose 32,4; Psalm 139,15–16; 2. Korinther 12,9

Dafür will ich heute beten:

Eine Eigenschaft Gottes, auf die ich mich heute konzentrieren will: (Danke, Gott, dass du ...)

Eine Verheißung aus der Bibel für diesen Tag:

2. TAG

Mein Kind in Gottes Hände geben

Die meisten Mütter werden Ihnen bestätigen, dass sich ihre größten Sorgen und Ängste um die Sicherheit ihrer Kinder drehen. Wir würden unser Leben dafür geben, unsere Kinder vor allem Negativen zu bewahren. Es ist völlig selbstverständlich, wenn sich Eltern um die Sicherheit der eigenen Kinder sorgen – die Nachrichten rufen oft die schlimmsten Befürchtungen in uns wach. Doch es muss nicht sein, dass diese Angst uns völlig gefangen nimmt.

HERR, ich weiß, es ist völlig unbegründet, aber ich habe Angst, dass irgendetwas Schreckliches geschehen könnte, sobald ich meinem Kind den Rücken zuwende oder es in die Obhut des Babysitters gebe. Manchmal ist diese Angst um die Sicherheit meines Kindes so stark, dass ich keine Luft mehr kriege. Mir ist bewusst, dass ich nicht alles, was im Leben geschieht, kontrollieren kann, aber ich versuche es trotzdem immer wieder. Gehört das nicht zum Muttersein dazu?

Heute will ich dich nur um eines bitten, Vater: Bitte behüte mein Kind!

Du weißt, wie viel mir dieses Kind bedeutet. Dir bedeuten wir beide noch viel mehr, als ich jemals fassen kann. Aus dem Mund der Kinder und Säuglinge schaffst du dir Lob.* Du hast selbst gesagt: Wer der Größte in deinem Reich sein will, muss werden wie ein kleines Kind.* Du hast die Kinder zu dir gerufen und hast sie gesegnet.* Du vergleichst jeden von uns mit einem Auge, auf das du in besonderer Weise achtgibst.*

Du behütest die Menschen, die du liebst, wie ein Adler, der über seine Jungen wacht.* Ja, du stellst dich sogar mit aller Macht vor die Kinder - du sagst, dass es für jeden, der ihnen Schaden zufügt, besser wäre, man würde ihn mit einem Mühlstein um den Hals im Meer versenken.* Ich weiß also, dass dir, Herr, die Sicherheit meines Kindes am Herzen liegt. Hab Dank dafür! Ich vertraue dir, Vater - aber ich weiß auch, dass es zur harten Wirklichkeit des Lebens gehört, dass auch mein Kind nicht vor allem Bösen bewahrt wird. Manchmal habe ich Angst, du könntest zulassen, dass ihm Leid widerfährt, weil du damit etwas bezweckst, und dieser Gedanke erschreckt mich.

Du hast uns gesagt, dass wir uns keine Sorgen machen sollen, weil wir durch Sorgen unser Leben auch nicht um einen einzigen Tag verlängern können.* Das ist leichter gesagt als getan. Aber ich will es versuchen! Ich gebe heute meine Ängste an dich ab, Herr. Ich weiß, du bist Gott, der alles in seiner Hand hat - nicht ich. Ich weiß, dass deine Engel - die jederzeit Zugang zu deinem Thron haben* - mein Kind auf seinen Wegen begleiten. Danke dafür!

Wer unter dem Schutz des höchsten Gottes lebt
und bleiben darf bei ihm, der alle Macht hat,
der sagt zum Herrn: „Du bist meine Zuflucht,
bei dir bin ich sicher wie in einer Burg.
Mein Gott, ich vertraue dir!“
(Psalm 91,1-2)

* Bibelverse (in der Reihenfolge der mit Sternchen markierten Stellen im Gebet): Psalm 8,3 (Einheitsübersetzung); Markus 10,14-16; Psalm 17,8; 5. Mose 32,11; Matthäus 18,6; Matthäus 6,27.31; Matthäus 18,10

Dafür will ich heute beten:

Eine Eigenschaft Gottes, auf die ich mich heute konzentrieren will: (Danke, Gott, dass du ...)

Eine Verheißung aus der Bibel für diesen Tag:

3. TAG

Heute habe ich aber auch nichts zustande gebracht!

Mütter mit kleinen Kindern haben oft das Gefühl, kaum etwas zu erreichen. Ihre Tage vergehen in der immer gleichen Routine, ohne dass sie erkennbare Erfolgserlebnisse verzeichnen können. Das kann ziemlich deprimierend sein! „Ob es anderen auch so geht wie mir?“, denken Sie vielleicht.

HIMMLISCHER VATER, heute bin ich völlig frustriert!

Ich habe das Gefühl, überhaupt nichts geschafft zu haben. Die Wohnung, ja, mein ganzes Leben, ist in einem noch chaotischeren Zustand als heute Morgen. Da war es auch nicht sehr hilfreich, dass mein Mann heute Abend nach Hause kam und ganz unbedarft fragte: „Na, Schatz, was hast du heute so erreicht?“ Ich habe rein gar nichts erreicht. Ich habe diesen Tag höchstens überstanden.

Herr, du erinnerst dich sicher noch daran, dass ich früher arbeiten ging und mit dem guten Gefühl nach Hause kam, dass meine Leistung Anerkennung fand. Ich konnte mir Ziele setzen und sie auch erreichen. Ich erlebte, dass Dinge vorangingen. Meine Arbeit wurde von vielen geschätzt und ich bekam ein gutes Gehalt! Aber heute bin ich fast nur auf der Stelle getreten. Die Wohnung, die ich erst heute Morgen geputzt habe, ist dreckiger als je zuvor. Die Kinder haben keine „biblischen Lobeshymnen“ auf die fleißige Hausfrau zitiert; sie haben noch nicht einmal das Spielzeug aufgeräumt, so wie ich sie gebeten hatte. Niemand erkennt meine Leistung an.

Welches Kind würde schon ausrufen: „Du, Mama, ich find das echt toll, wie du mich erziehst!"?

Ich komme mir wertlos vor. Ich könnte wirklich etwas Aufmunterndes gebrauchen - etwas, das mir sagt, dass sich all die Mühe lohnt.

Danke, Jesus, dass du mich verstehst.* Als deine Nachbarn aus Nazaret dich nicht bei sich haben wollten und vorhatten, dich von einer Klippe zu stürzen, warst du sicher auch wütend und frustriert und hast dich gefragt, ob das, was du tust, überhaupt einen Sinn hat.* Im Garten Getsemani musst du ziemlich deprimiert gewesen sein, als deine Jünger einfach eingeschlafen sind, nachdem du sie gebeten hattest, mit dir zu wachen und zu beten.*

Vater, wenn mein Sohn frustriert ist oder Enttäuschungen erlebt, dann bitte erinnere ihn daran, dass deine Liebe zu ihm niemals aufhört. Jesus, du bist der Gleiche heute und für alle Zeiten,* und deine Güte ist größer als der Himmel.*

Ich bin so dankbar dafür, dass du mich verstehst und dass deine Liebe zu mir nicht von meiner Leistung abhängt. Du liebst mich nicht, weil ich eine gute Ehefrau und Mutter bin oder weil ich einen Erfolg nach dem anderen verzeichne. Du liebst mich einfach deshalb, weil ich zu dir gehöre.

Der Herr, dein Gott, ist in deiner Mitte,
ein Held, der Rettung bringt.
Er freut sich und jubelt über dich,
er erneuert seine Liebe zu dir,
er jubelt über dich und frohlockt,
wie man frohlockt an einem Festtag.
(Zefania 3,17; Einheitsübersetzung)

* Bibelverse (in der Reihenfolge der mit Sternchen markierten Stellen im Gebet): Hebräer 2,17-18; Lukas 4,28-30; Matthäus 26,36-41; Hebräer 13,8; Psalm 108,5

Dafür will ich heute beten:

Eine Eigenschaft Gottes, auf die ich mich heute konzentrieren will: (Danke, Gott, dass du ...)

Eine Verheißung aus der Bibel für diesen Tag:

4. TAG

Mir Zeit zum Staunen nehmen

Als Mutter hastet man oft durch den Tag hindurch und ist ständig mit irgendwelchen Problemen beschäftigt. Nur zu leicht verlieren wir uns in dem, was im Augenblick am wichtigsten scheint und unsere volle Aufmerksamkeit beansprucht. Es fällt uns schwer, innezuhalten und genau hinzuschauen. Könnte es sein, dass wir von unseren Kindern neu lernen können, die Welt mit staunenden Augen zu sehen?

HIMMLISCHER VATER, ich bin überwältigt, wenn ich dieses Baby in meinen Armen halte und seinen Gesichtsausdruck betrachte. Ich staune darüber, wie die Kleine vor meinen Augen heranwächst. Heute habe ich einmal bewusst darauf geachtet, wie sie auf Bewegungen reagierte. Mit großen Augen verfolgte sie das Hin- und Herschaukeln des Mobiles über ihrem Bettchen. Sie scheint ihre Umwelt sehr genau wahrzunehmen: Gesichter, Licht und Schatten, Veränderungen ... Ihrem Blick entgeht nichts und in ihren Augen liegt ein tiefes Staunen.

Wenn ich meine kleine Tochter beobachte, wird mir bewusst, wie sehr ich meine eigene Fähigkeit zu staunen bereits verloren habe. Ich bin viel zu sehr damit beschäftigt, meinen Tag irgendwie zu überstehen, die nächste Aufgabe abzuhaken und das Haus halbwegs in Ordnung zu halten. Da erscheint es mir fast als Luxus, über das Wunder deiner Schöpfung nachzudenken. Aber es stimmt nicht, dass ich für das Staunen keine Zeit habe. Du möchtest, dass ich die kleinen Dinge um mich herum wahrnehme: den lustigen Gesichtsausdruck meiner Tochter, eine zarte Blüte, einen leuchtend roten Sonnenuntergang – ja, selbst die Lichtstrahlen, die vor dem Fenster tanzen! Deine Herrlichkeit zeigt sich überall, wohin ich meinen Blick auch wende. Mit meinem Herzen kann ich sie erkennen.* Wenn ich mich an dem erfreue, was deine Hand geschaffen hat, bereite ich damit auch dir eine Freude!

Vater, bremse meine hastigen Schritte. Hilf mir, die Schönheit der Schöpfung in mich aufzunehmen. Keiner ist wie du. Du bist herrlich und deine Wunder hören niemals auf.* Lass mich deine mächtigen Taten noch tiefer schätzen lernen.* Schärfe meinen Blick, damit ich nichts von dem Wunder des Wachstums versäume, das ich an meiner kleinen Tochter beobachten kann. Ich möchte ihren Gesichtsausdruck wahrnehmen, das Staunen in ihren Augen, wenn sie wieder etwas Neues entdeckt. Gebrauche sie, um mich wieder neu ins Staunen zu bringen über die Wunder, die du tust.

Und bewahre meiner Tochter die Fähigkeit zu staunen – auch dann, wenn sie mehr und mehr in eine „von Menschenhand" gemachte Welt hineinwächst. Gib ihr Augen des Herzens, die nicht aufhören, das zu bewundern, was *deine* Hand gemacht hat. Bewahre sie davor, diese Dinge als selbstverständlich anzusehen. Hilf uns beiden, zu Menschen zu werden, die Ehrfurcht vor dir haben.*

Ich denke an deine Taten, Herr,
deine Wunder von damals mache ich mir bewusst.
Ich zähle mir auf, was du vollbracht hast,
immer wieder denke ich darüber nach.
(Psalm 77,12–13)

* Bibelverse (in der Reihenfolge der mit Sternchen markierten Stellen im Gebet): Psalm 92,5; 2. Mose 15,11; 1. Chronik 16,27–36; Psalm 93,1

Dafür will ich heute beten:

Eine Eigenschaft Gottes, auf die ich mich heute konzentrieren will: (Danke, Gott, dass du ...)

Eine Verheißung aus der Bibel für diesen Tag:

5. TAG

Rivalitäten unter Geschwistern

Wir wünschen uns, dass unser Zuhause ein Ort der Liebe und der Freude ist. Aber oft scheinen die Mauern regelrecht über uns zusammenzustürzen, wenn sich das Brüllen und Kreischen unserer Kinder zu einem durchdringenden Crescendo entwickelt. Wir möchten ihnen beibringen, liebevoll miteinander umzugehen. Doch das ist oft so schwer!

HERR, du weißt, wie sehr ich mir wünsche, dass meine Kinder sich gegenseitig lieben. Ich möchte, dass sie einander wirklich zu besten Freunden werden. Ich möchte, dass sie füreinander einstehen. Ich wünsche mir, dass sie miteinander Spaß haben und die Gemeinschaft in der Familie genießen. Aber oft scheinen sie sich um jede Kleinigkeit zu streiten! Ich weiß, dass es Jahre braucht, bis aus Geschwistern Freunde werden. Hilf mir, das nicht zu vergessen, wenn ich wieder einmal auf schnelle Ergebnisse aus bin.

Manchmal deprimieren mich ihre sinnlosen, beleidigenden Wortgefechte. Jesus, du hattest doch auch Geschwister.* Und du hattest auf dieser Erde auch „ganz normale“ Eltern.* Gieße Ströme deiner Weisheit über mir aus, wenn ich versuche, die Rivalitäten unter ihnen zu beenden. Dein Wort sagt mir, wie wohltuend es ist, wenn Geschwister friedlich zusammenleben. Schenke meinen Kindern den Segen einer solchen Eintracht.* Lass sie die Beziehungen in unserer Familie als bereichernd und frohmachend erleben.

Ich weiß nicht, wie ich am klügsten mit Geschwisterstreitigkeiten umgehe. Du aber weißt es. Deine Jünger haben sich ja auch über so unsinnige Fragen gestritten wie die, wer wohl der Größte von ihnen sei.* Zeige mir, wann es an der Zeit ist, einzugreifen und die Streitigkeiten unter meinen Kindern zu schlichten, und wann es besser ist, ihnen die Chance zu geben, ihre Konflikte selbst zu lösen. Aber hilf ihnen auch zu lernen, wie sie ihre Unstimmigkeiten klären können, ohne sich gegenseitig wehzutun!

Du bist ein Gott des Friedens. Du wünschst dir noch mehr als ich, dass unsere Familie ein Ort der Liebe ist und nicht ein Ort, an dem hässliche Worte gesprochen werden. Du hast uns sogar *geboten*, einander zu lieben!* Schenk uns ein weiches Herz. Kleide uns in Mitgefühl, Freundlichkeit, Demut, Sanftmut und Geduld. Lehre uns, die Schwächen des anderen zu ertragen und einander so zu vergeben, wie du uns vergeben hast. Verbinde uns durch das vollkommene Band deiner Liebe und gib, dass dein Friede unser Haus regiert!*

In einer Wolke kam der Herr auf den Berg herab,
stellte sich neben Mose und rief seinen Namen aus.
„... Ich bin ein Gott voll Liebe und Erbarmen.
Ich habe Geduld, meine Güte und Treue sind grenzenlos.
Ich erweise Güte über tausend Generationen hin,
ich vergebe Schuld, Verfehlung und Auflehnung ..."
(2. Mose 34,5-7)

* Bibelverse (in der Reihenfolge der mit Sternchen markierten Stellen im Gebet): Markus 3,31; Matthäus 1,16; Psalm 133,1.3; Markus 9,33-34; Johannes 15,17; Kolosser 3,12-15

Dafür will ich heute beten:

Eine Eigenschaft Gottes, auf die ich mich heute konzentrieren will: (Danke, Gott, dass du ...)

Eine Verheißung aus der Bibel für diesen Tag:

6. TAG

Den Hunger nach Gottes Wort wecken

In unserer Gesellschaft wird behauptet, es gäbe keine absolute Wahrheit. Alles sei relativ, und wer am besten argumentiert, gewinnt. Wir aber wissen, dass es eine Wahrheit gibt, die im Wort Gottes liegt. Ich wünsche mir für meine Kinder, dass sie eine tiefe Liebe zu dieser Wahrheit entwickeln.

HIMMLISCHER VATER, wo bleibt die Wahrheit? Wohin ich auch blicke, ich sehe nur Orientierungslosigkeit. Ich mache mir Sorgen um meine Tochter. Viele anziehend wirkende Menschen werden ihr Unwahrheiten weitergeben. Woran soll sie erkennen, wer Recht hat? Andere werden bewusst versuchen, sie in die Irre zu führen. Wie kann sie die richtigen Entscheidungen fällen? Sie wird sich nach Sicherheit sehnen. Wo wird sie danach suchen? Solange sie noch jung ist, wird sie auf mich hören, aber es wird der Tag kommen, wo sie das vielleicht nicht mehr will – und ich habe ja auch nicht immer Recht. Auch ich erkenne die Wahrheit nicht immer. Meine Tochter darf ihre Sicherheit nicht in mir suchen, denn auch ich werde diese Sehnsucht enttäuschen.

Vater, du allein bist der Weg, die Wahrheit und das Leben.* Die Bibel, dein Wort, ist die Wahrheit und ein Liebesbrief an mich und mein Kind.

Ja, ich weiß, dass die Worte der Bibel nicht nur eine Sammlung weiser Sprüche sind. Sie sind eine lebendige Kraft und schärfer als ein beidseitig geschliffenes Schwert: Es dringt ins Innerste von Seele und Geist vor und deckt die geheimen Wünsche und Gedanken auf.* Dein Wort ist das Einzige, was für alle Ewigkeit Bestand hat!*

Dein Jünger Petrus ermahnt uns, nach dem unverfälschten Wort Gottes zu verlangen, so wie ein Baby nach Milch schreit, wenn es gestillt werden will.* Die Muttermilch enthält alles, was das Kind zum Leben braucht, sodass ihm an nichts fehlt. Die Milch ist ein wunderbares Bild für das Wort Gottes: Es enthält alles, was ich brauche, und alles, was mein Kind jemals brauchen wird, um in deiner Welt bestehen zu können.*

Vater, wenn meine Tochter heranwächst, wird sie sich nach Dingen sehnen, die nur du ihr geben kannst. Vielleicht ist ihr ihr Hunger in diesen Momenten gar nicht bewusst, und vielleicht weiß sie gar nicht, wo der Ort ist, an dem ihr Hunger gestillt werden kann. Ich bitte dich, dass du einen Hunger nach deinem Wort in ihr Herz legst. Lege die Sehnsucht in sie hinein, in deinem Wort zu lesen. Schenke ihr Vorbilder, die an der Autorität deines Wortes festhalten und selbst regelmäßig in der Bibel lesen. Es gibt so vieles, was ich mir für mein Kind wünsche, aber mehr als alles andere wünsche ich mir, dass meine Tochter eine Liebe zu deinem Wort entwickelt. Nur dort wird sie wirkliche Erfüllung finden.*

Dein Wort ist eine Leuchte für mein Leben,
es gibt mir Licht für jeden nächsten Schritt.
(Psalm 119,105)

* Bibelverse (in der Reihenfolge der mit Sternchen markierten Stellen im Gebet): Johannes 14,6; Hebräer 4,12; Matthäus 24,35; 1. Petrus 2,2; 2. Samuel 22,31; Johannes 4,13–14

Dafür will ich heute beten:

Eine Eigenschaft Gottes, auf die ich mich heute konzentrieren will: (Danke, Gott, dass du ...)

Eine Verheißung aus der Bibel für diesen Tag:

7. TAG

Wen wird mein Kind einmal heiraten?

Die meisten Eltern wünschen sich vermutlich, dass ihr Kind sich eines Tages verliebt. In der Erziehungsphase, in der wir jetzt stehen, kann man sich das vielleicht noch nicht so recht vorstellen. Noch ehe wir es ahnen, wird ein ganz besonderer junger Mann in das Leben unserer Tochter treten, oder unser Sohn wird eine junge Frau kennenlernen, die ihm besonders viel bedeutet. Da ist es niemals zu früh, diesen Menschen jetzt schon Gott hinzuhalten!

HERR, heute will ich an die Ehe denken – nicht an meine eigene, sondern an die meines Sohnes.

Das Thema scheint noch in weiter Ferne zu liegen und doch ist es so wichtig, dass ich jetzt schon dafür bete. Ich hoffe, dass es irgendwo ein kleines Mädchen gibt, das eines Tages meine Schwiegertochter werden wird.

In unserer Gesellschaft wird der Begriff Ehe gerade ganz neu definiert. Reinheit im Umgang mit Sexualität ist verpönt. Überall lauert die Versuchung. Man hält die eigenen „Rechte" für wichtiger als die Bedürfnisse des anderen. Es gibt immer weniger Familien, in denen es noch Vater *und* Mutter gibt. Viele sehen die Ehe nicht mehr als einen Bund an, der gelten soll, „bis dass der Tod uns scheide", sondern höchstens noch als ein Bündnis, das so lange hält, „bis einer von uns nicht mehr glücklich ist".

Vater, ich weiß, manche berufst du dazu, unverheiratet zu bleiben, für andere aber hast du eine Ehe vorgesehen.* Keine dieser beiden Berufungen steht höher als die andere. Das weiß ich und wünsche mir aber trotzdem, dass mein Kind einmal einen Ehepartner findet. Du hast gesagt, dass wir dich um alles bitten dürfen.* Deshalb bitte ich dich, dass du ein ganz besonderes, kleines Mädchen für die Ehe mit meinem Sohn vorbereitest. Schenke ihr ein sanftes Herz. Gib, dass sie dich bereits in jungen Jahren kennenlernt. Hülle sie ein in deine Liebe. Lehre sie zu teilen. Bewahre sie vor Versuchungen und Gefahren. Schenke ihr ein reines Herz und reine Beziehungen. Hilf ihr, in der Liebe zu dir zu wachsen. Umgib sie mit Frauen, die an dich glauben und ihr im Leben wie im Glauben ein Vorbild sind.* Führe sie zu deiner Zeit mit meinem Sohn zusammen. Und mache mich bereit, diese junge Frau zu lieben, als wäre sie meine eigene Tochter.

Ich bitte dich auch für ihre Eltern. (Und ich bitte dich auch, dass es Eltern gibt, die für mich beten!) Gib ihnen Weisheit, ihre Tochter richtig zu erziehen.* Steh ihnen zur Seite, wenn sie sie zur nötigen Selbstdisziplin anleiten. Mach ihnen Mut, wenn sie das Gefühl haben zu versagen.* Zeige ihnen, wie sie ihre Tochter im Glauben ermutigen können. Hilf ihnen, dich mehr und mehr zu erkennen. Und wenn sie heute gerade mutlos sind, dann richte du sie jetzt auf.

Danke, Vater, dass dir die Zukunft meines Sohnes am Herzen liegt.* Danke, dass du meine Gebete erhörst. Und danke, dass du jetzt schon im Leben meines Sohnes wie auch im Leben seiner möglichen zukünftigen Ehefrau wirkst.*

Gott kann unendlich viel mehr an uns tun,
als wir jemals von ihm erbitten oder uns ausdenken können.
So mächtig ist die Kraft, mit der er in uns wirkt.
Ihm gehört die Ehre in der Gemeinde und durch Jesus
Christus in allen Generationen, für Zeit und Ewigkeit! Amen.
(Epheser 3,20–21)

* Bibelverse (in der Reihenfolge der mit Sternchen markierten Stellen im Gebet): 1. Korinther 7,1–2; Philipper 4,6–7; Titus 2,4; Jakobus 1,5; Römer 8,1; Jeremia 29,11; Philipper 2,13

Dafür will ich heute beten:

Eine Eigenschaft Gottes, auf die ich mich heute konzentrieren will: (Danke, Gott, dass du ...)

Eine Verheißung aus der Bibel für diesen Tag:

8. TAG

Berufstätigkeit außer Haus

Mütter, die außer Haus berufstätig sind, führen einen ständigen Kampf. Wie können sie beide Rollen zu hundert Prozent erfüllen und sich dabei auch noch ein gewisses Erfolgsgefühl bewahren? Oft sind sie hin- und hergerissen zwischen dem Wunsch, für die Lieben zu Hause da zu sein, und ihren beruflichen Anforderungen. Zudem fühlen sie sich oft von ihren Bekannten und Kollegen nicht verstanden. Falls Sie selbst nicht außer Haus arbeiten, könnten Sie den heutigen Tag nutzen, um für Ihre berufstätigen Freundinnen zu beten.

HIMMLISCHER VATER, manchmal habe ich das Gefühl, die Vorteile beider Welten – der zu Hause und der auf der Arbeit – wirklich genießen zu können, an anderen Tagen hingegen kommt es mir so vor, als bekäme ich von beiden das Schlimmste ab. Du hast mir eine wunderbare Familie anvertraut und mir auch meinen Beruf geschenkt, damit ich zum Unterhalt der Familie beitragen kann. Ich liebe meine Rolle als berufstätige Mutter (meistens zumindest) und ich möchte dir in beiden Bereichen Ehre machen. Doch das ist nicht einfach und manchmal fühle ich mich wie jemand, der sich nur mit Mühe über Wasser hält.

Manchmal fühle ich mich von meinen Kollegen unverstanden, aber oft auch von meinen Freundinnen, die nicht arbeiten gehen. Es ist schier unmöglich, in beiden „Welten“ zugleich erfolgreich zu sein, und manchmal habe ich das Gefühl, sowohl in der einen als auch in der anderen zu versagen. Und das Schlimmste daran ist, dass andere Frauen, denen es genauso geht wie mir, oft genauso ausgelastet sind – sodass wir gar nicht mehr die Zeit finden, uns gegenseitig Mut zu machen!

Vater, gib du mir die rechte Perspektive. So leicht verliere ich den Segen, den du mir schenkst, aus den Augen und sehe nur noch die Forderungen, die an mich gestellt werden. Wie leicht gerät man doch in dieses ständige Klagen hinein! Darum bitte ich dich, dass du mir ein Herz voller Dankbarkeit gibst.* Zeige mir heute eine Sache, für die ich dankbar sein kann.

Herr, du kennst meine Gedanken.* Du weißt, wo ich zu kämpfen habe. Du warst ständig von Leuten umgeben, die immer noch ein Wunder mehr von dir forderten. Was du auch tatest, nie schien es ihnen zu genügen!* Du hast mir Gaben für meinen Beruf gegeben und das Herz einer Mutter. Du weißt, was in diesem Lebensabschnitt realistisch und notwendig ist und was nicht.* Zeige mir bitte, wenn ich an dem Punkt bin, wo ich meine Erwartungen zurückschrauben muss. Lass mich erkennen, welche Dinge ich lassen oder auf später verschieben muss. Hilf mir, die richtigen Prioritäten zu setzen,* und schenke mir Dankbarkeit.

Herr, du wirst alles für mich tun,
deine Liebe hört niemals auf!
Vollende, was du angefangen hast!
(Psalm 138,8)

* Bibelverse (in der Reihenfolge der mit Sternchen markierten Stellen im Gebet): Psalm 21,6; Psalm 139,1–4; Lukas 8,40–56; Prediger 3,1; Matthäus 6,33

Dafür will ich heute beten:

Eine Eigenschaft Gottes, auf die ich mich heute konzentrieren will: (Danke, Gott, dass du ...)

Eine Verheißung aus der Bibel für diesen Tag:

9. TAG

Mein Kind zu einer charakterstarken Persönlichkeit erziehen

Es ist heutzutage eine Herausforderung, seine Kinder zur nötigen Charakterstärke zu erziehen. Was verbindliche Werte angeht, herrscht eine solche Orientierungslosigkeit, dass es uns schwerfällt zu erkennen, wie wir diese Herausforderung überhaupt bewältigen sollen. Wie können wir das Fundament legen, auf dem unsere Kinder zu Menschen mit tragfähigen Wertvorstellungen werden?

HIMMLISCHER VATER, in unserer Welt scheint der Grundsatz zu gelten: „Es spielt keine Rolle, was du tust, solange niemand zu Schaden kommt und keiner etwas merkt." Du aber legst einen anderen Maßstab an: zu tun, was recht ist, selbst wenn es keiner bemerkt. Doch deine Lebensmaßstäbe geraten unter dem Alltagsdruck oft in Vergessenheit. Instinktiv belügt mich mein Kind, um keinen Ärger zu bekommen. Das scheint meiner Tochter geradezu im Blut zu liegen! Oft habe ich den Eindruck, dass sie mich nicht bewusst anlügt – die Worte kommen einfach so heraus, weil lügen einfacher ist, als die Wahrheit zu sagen.

Manchmal ist es auch einfacher, über ihre Unehrlichkeit hinwegzusehen. Es ging ja nur um eine „Lappalie". Vielleicht wollte sie mich auch gar nicht anlügen. Wenn ich sie jetzt dafür bestrafe, gibt es wieder eine riesige Szene. Doch die kleinen Unaufrichtigkeiten führen dazu, dass man auch im Großen unaufrichtig wird. Dein Wort warnt uns vor dem, was wir in unserer Gesellschaft beobachten können: Unehrlichkeit führt letztlich zum Fall.*

Vater, du verabscheust die Lüge und freust dich an denen, die wahrhaftig sind.* Du möchtest, dass wir in allen Dingen Charakterstärke beweisen. Zeige mir, wie ich meinem Kind erklären kann, was es heißt, wahrhaftig zu sein. Und, Herr: Es geht ja nicht nur um meine Tochter, es geht genauso um mich! Ich sage auch nicht immer die ganze Wahrheit. Oft denke ich, dass das Ziel die Mittel heiligt. Und ich weiß doch, dass das falsch ist.

Vergib mir, Herr. Mache mich zu einem Menschen wie Ijob, der inmitten widrigster Umstände, Verlusterfahrungen und Versuchungen entschlossen war, seine Integrität selbst im Sterben noch zu bewahren.*

Danke, dass du mein Kind (und mich) unterweisen und in alle Wahrheit leiten wirst.* Erinnere mich immer wieder daran, wie wichtig es ist, die Wahrheit anzulegen wie einen Gürtel.* Je mehr Charakterstärke wir entwickeln, umso mehr Standfestigkeit werden wir besitzen und umso mehr werden wir entdecken, dass Wahrheit Freiheit mit sich bringt.* Dafür danke ich dir!

Wenn ihr bei dem bleibt, was ich euch gesagt habe,
und euer Leben darauf gründet,
seid ihr wirklich meine Jünger.
Dann werdet ihr die Wahrheit erkennen,
und die Wahrheit wird euch frei machen.
(Johannes 8,31–32)

* Bibelverse (in der Reihenfolge der mit Sternchen markierten Stellen im Gebet): Sprüche 11,3; Sprüche 6,17; Ijob 27,2–6; Psalm 25,4–5; Epheser 6,14; Johannes 8,32

Dafür will ich heute beten:

Eine Eigenschaft Gottes, auf die ich mich heute konzentrieren will: (Danke, Gott, dass du ...)

Eine Verheißung aus der Bibel für diesen Tag:

10. TAG

Ich brauche dringend eine Freundin!

Jeder braucht Menschen, die ihm zuhören, ihn ermutigen und herausfordern. Eine Freundin, die gerade die gleiche Lebensphase durchmacht wie wir selber (oder diese gerade erfolgreich überstanden hat), kann uns aufbauen, wenn wir gerade einmal wieder völlig am Verzweifeln sind.

HERR, hilf mir! Ich brauche jemanden, mit dem ich reden kann! An Tagen wie heute weiß ich nicht mehr, wo mir der Kopf steht. Meist weiß ich nicht einmal, woran es liegt – es scheint einfach alles aus dem Gleichgewicht geraten zu sein und ich brauche eine Freundin, die mir hilft, Ordnung in mein Gedankenchaos zu bringen.

Überall in der Bibel lassen sich Beispiele für großartige Freundschaften finden. Ich weiß, dass du, Herr, mein Freund bist und mir sogar näherstehst als ein Bruder.* Aber gerade heute brauche ich einen Gott, der Hände und Füße hat und dessen Stimme ich am Telefon hören kann.

Du hast damals Maria, der Mutter Jesu, ihre Cousine Elisabeth zur Seite gestellt, und zwar an einem für beide wichtigen Punkt ihres Lebens. Beide waren mit ihrem ersten Kind schwanger und die Umstände ihrer Schwangerschaft waren mehr als außergewöhnlich.* Du gebrauchtest ihre Freundschaft und die gemeinsam verbrachten Monate, um an ihnen beiden zu wirken. Ich brauche auch so einen Menschen, Herr! Bitte, Herr, segne mich mit einer Freundin, die mir mit Rat und Tat zur Seite steht, mir zuhört, mich versteht!* Manchmal reicht es schon, das rechte Wort zur rechten Zeit zu hören, damit ein Tag gut wird.*

Ich weiß, dass du meine Freundinnen benutzen kannst, um mich in meiner Rolle als Mutter anzuleiten oder mir etwas über dich deutlich zu machen. Zeige mir Möglichkeiten, mit anderen Müttern zusammen zu sein, die dich lieben.* Gib mir Freundinnen, die andere Gaben besitzen als ich selbst, sodass wir aneinander wachsen und uns gegenseitig stärken können, damit dein Leib auferbaut wird.

Ich sehne mich nach jemandem, der sich mein Missgeschick anhört und mit mir darüber lacht oder weint. Mein Ehemann will mich zwar unterstützen, aber den Platz einer guten Freundin kann er nicht ausfüllen. Zeige mir die Person, die meine Not sieht und mir Mut macht - oder lass mich diejenige sein, die anderen ihre Freundschaft anbietet. Ich weiß, es ist nicht gut, sich alleine durchzukämpfen.* Geteiltes Leid ist halbes Leid und geteilte Freude doppelte Freude. Danke, Vater, dass du uns Freundschaften gegeben hast.*

Ein Freund steht allezeit zu dir,
auch in Notzeiten hilft er dir wie ein Bruder.
(Sprüche 17,17)

* Bibelverse (in der Reihenfolge der mit Sternchen markierten Stellen im Gebet): Sprüche 18,24; Lukas 1,39-45; Sprüche 27,9; Sprüche 25,11; Hebräer 10,25; 1. Mose 2,18; Kolosser 1,16

Dafür will ich heute beten:

Eine Eigenschaft Gottes, auf die ich mich heute konzentrieren will: (Danke, Gott, dass du ...)

Eine Verheißung aus der Bibel für diesen Tag:

11. TAG

Die Liebe zu Christus fördern

Mehr als alles andere wünschen wir uns für unsere Kinder, dass sie zu einer persönlichen Beziehung zu Jesus Christus finden. Wir wissen, dass dies die wichtigste Entscheidung in ihrem ganzen Leben sein wird, und wir selbst haben erheblichen Anteil daran, in ihnen den Wunsch nach einer lebendigen Beziehung zu Gott zu nähren. Gleichzeitig muss es jedoch ihre eigene Entscheidung sein. Wie können wir unsere Kinder auf diese Entscheidung vorbereiten?

VATER, ich wünsche mir nichts sehnlicher, als dass mein Sohn dich einmal von ganzem Herzen liebt und sein Leben dir anvertraut. Ich kann das nicht erzwingen. Nur du selbst kannst es bewirken.

Jetzt, wo er noch klein ist, ist er offen für dich. Sein Herz ist noch nicht verhärtet durch Zynismus oder den Druck seiner Altersgenossen. Noch stellt kein Skeptiker seinen Glauben infrage. Und die Welt hat es noch nicht geschafft, ihn mit falschen Göttern und verlockenden Versuchungen in die Irre zu führen. Momentan befindet er sich in einer Phase, in der er empfänglich ist für das, was ich ihm weitergebe und vorlebe. Aber diese Zeitspanne wird nur von kurzer Dauer sein. Ich weiß, dies ist eine großartige Chance, aber ich fühle mich schlecht gerüstet angesichts der großen Verantwortung, die ich empfinde!

Wie kann ich ihm etwas von dir zeigen, wo ich doch selbst noch so viel zu lernen habe? Wie kann ich ihn zum Vertrauen in dich ermutigen, wo ich doch selbst so oft zweifle? Was soll ich ihm antworten, wenn er Fragen stellt, auf die ich keine Antworten habe?

Vater, ich wünsche mir, dass er die Tür seines Herzens schon in jungen Jahren für dich öffnet.* Es ist ein schmaler Grat, ihn wissen zu lassen, dass du in sein Herz einziehen möchtest, sobald er bereit dafür ist, ihn aber zugleich nicht in eine persönliche Beziehung zu dir hineinzudrängen. Gib mir die richtigen Worte, ihm dein Evangelium weiterzugeben, und schenke mir das Vertrauen, es dir zu überlassen, wann der richtige Zeitpunkt für eine Glaubensentscheidung gekommen ist.*

Danke dafür, dass du ihn geschaffen und beim Namen gerufen hast.* Du wünschst dir noch viel mehr als ich, dass er dich in sein Leben einlädt.* Du hast ihn unauslöschlich in deine Hände gezeichnet.* Und du hast einen einzigartigen Plan für sein Leben* und wirst jederzeit für ihn da sein.*

Vater, ich bin so froh darüber, dass seine Beziehung zu dir nicht davon abhängt, ob ich seine Fragen beantworten kann oder ob ich selbst genug Glauben besitze. Du bist viel größer als meine Unzulänglichkeiten. Danke, dass in diesem Augenblick dein Sohn Jesus zu deiner Rechten sitzt und für meinen Sohn eintritt.*

Darum kann er [Jesus] auch vollständig
und für immer alle retten,
die sich durch ihn an Gott wenden.
Er lebt für immer, um bei Gott für sie einzutreten.
(Hebräer 7,25)

* Bibelverse (in der Reihenfolge der mit Sternchen markierten Stellen im Gebet): Offenbarung 3,20; Apostelgeschichte 1,7; Jesaja 43,1; Johannes 15,16; Jesaja 49,16; Jeremia 29,11–13; 5. Mose 31,8; Römer 8,34

Dafür will ich heute beten:

Eine Eigenschaft Gottes, auf die ich mich heute konzentrieren will: (Danke, Gott, dass du ...)

Eine Verheißung aus der Bibel für diesen Tag:

12. TAG

Meinem Kind beibringen, Recht und Unrecht zu unterscheiden

Wer hat Recht, wer Unrecht? Wie soll man sich entscheiden? Oft hängt die Antwort auf solche Fragen davon ab, wen man fragt und wo man nach Antworten sucht. Unseren Kindern den Unterschied zwischen Recht und Unrecht beizubringen kann in einer Gesellschaft, in der absolute Maßstäbe oft nur verschwommen erscheinen, recht schwierig werden.

HERR, dein Wort ist so eindeutig und damit zweifelsfrei ein Maßstab für Recht und Unrecht. Wenn ich meiner Tochter den Unterschied zwischen beidem jetzt schon begreiflich mache, wird sie Recht und Unrecht leichter auseinanderhalten können, wenn sie älter ist. Aber es ist gar nicht so einfach, das einem kleinen Kind beizubringen.

Zeige mir, wie ich meinem Kind die Unterschiede ganz praktisch und konkret beibringen kann. Ich weiß, dass das sehr wichtig für dich ist! Hilf mir, ihr ein gutes Vorbild zu sein. Überführe mich, wenn ich dabei bin, mir Recht und Unrecht so zurechtzubiegen, wie ich es gerade brauche.* Wenn ich meiner Tochter oder anderen Menschen Unrecht getan habe, dann schenke mir die Demut, meine Schuld zu bekennen und dich um Vergebung zu bitten. Danke, dass du uns versprochen hast, all unsere Schuld zu vergeben!*

Vater, du kennst unsere tiefsten Geheimnisse.* Ich bitte dich, dass meine Tochter erwischt wird, wenn sie Unrecht begeht, damit sie lernt, dass alles, was wir tun, Konsequenzen hat. Lass mich durch deine Weisheit erkennen, wenn sie sich nicht an die Wahrheit hält.*

Hilf mir, ihr die Konsequenzen für ihr Fehlverhalten klar aufzuzeigen und dann auch durchzusetzen, egal, wie schwer es mir fallen mag, sie zu betrafen. Manchmal fällt es mir leichter, sie noch einmal ungestraft davonkommen zu lassen, darum gib mir die nötige Kraft, konsequent zu sein. Schenke mir auch, dass ich das rechte Gleichgewicht zwischen Strenge und liebevoller Barmherzigkeit wahren kann. Gebrauche die Konsequenzen ihres Tuns, um ihr zu zeigen, dass es nicht egal ist, wie sie sich verhält. Schenke ihr ein Herz, das ganz auf dich ausgerichtet ist.* Gib ihr eine tiefe Sehnsucht nach Wahrheit, damit sie den Willen besitzt, in allen Lebensbereichen zu tun, was recht ist.*

Aber wenn der Helfer kommt,
der Geist der Wahrheit, wird er euch anleiten,
in der vollen Wahrheit zu leben.
(Johannes 16,13)

* Bibelverse (in der Reihenfolge der mit Sternchen markierten Stellen im Gebet): Johannes 16,8; 1. Johannes 1,9; Psalm 44,22; Jakobus 1,5; Psalm 51,12; Matthäus 6,33

Dafür will ich heute beten:

Eine Eigenschaft Gottes, auf die ich mich heute konzentrieren will: (Danke, Gott, dass du ...)

Eine Verheißung aus der Bibel für diesen Tag:

13. TAG

Die Zunge im Zaum halten

Freche Antworten, Beleidigungen, Schimpfwörter – mal eher subtil, mal direkt ins Gesicht gesagt. Ich weiß, dass ein solches Verhalten nicht recht ist; außerdem ist es verletzend. Manchmal bin ich selbst schuld daran. Aber ich will nicht, dass mein Haus zu einer Brutstätte beleidigender Umgangsformen wird.

HIMMLISCHER VATER, mein Kind besitzt manchmal eine ziemlich große Klappe. Manchmal habe ich das Gefühl, dass der Junge seine Zunge nicht im Zaum hat. Ohne nachzudenken, wirft er mir verletzende Worte an den Kopf. Häufig gibt er mir freche Antworten, und oft sagt er auch zu seinen Geschwistern gemeine Dinge.

Du wunderst dich nicht über das Böse, das aus seinem und auch aus meinem Mund kommt. Du hast in deinem Wort viel über die Macht der Zunge gesagt und ihre zerstörerische Kraft mit einem Waldbrand verglichen.* Du ermahnst uns, sie im Zaum zu halten und nichts Böses über unsere Lippen kommen zu lassen.* Du forderst sogar von uns, andere zu segnen – selbst die, die uns verletzen.* Aber das ist oft sehr schwer, Herr.

Zeige mir, wie ich meinem Sohn beibringen kann, seine Zunge zu zügeln. Ich hoffe, er wird einmal ein Vater und Ehemann werden. Dann möchte ich nicht, dass er die Menschen, die er liebt, durch seine Worte verletzt. Er muss jetzt schon lernen, seine Zunge zu beherrschen. Gib ihm die Selbstbeherrschung, den Mund zu halten, wenn es vernünftig ist. * Zeig mir, wie ich ihn bestrafen soll, wenn seine Worte unangemessen sind.* Hilf mir, konsequent zu sein und zu erkennen, wann seine Worte andere verletzen. Mach uns beide bereit, deine Hilfe in Anspruch zu nehmen, und lass uns erfahren, dass sich auf diese Weise etwas verändert! Wir brauchen deine Ermutigung.

Steh mir bei, wenn ich meinem Kind beizubringen versuche, seine Worte zum Guten zu gebrauchen. Lehre ihn, anderen Menschen Komplimente zu machen und ihnen seine Wertschätzung zu zeigen.* Zeige mir konkrete Möglichkeiten, wie ich ihm beibringen kann, andere durch seine Worte aufzubauen. Und bitte halte auch meine Zunge heute im Zaum, Vater. Hilf mir, kein ewiger Nörgler zu werden, sondern gib mir die rechten Worte, meinen Sohn zu ermutigen und aufzubauen.

Danke, Herr, dass dein Reden immer liebevoll ist. Durch deine Worte hast du uns ins Leben gerufen.*

Unbeirrt habe ich auf den Herrn gehofft,
auf seine Hilfe habe ich gewartet.
Er hat mein Schreien gehört und hat mir geholfen.
Ich sah mich schon im Grabe liegen,
ich sah mich im Sumpf versinken;
doch er hat mich herausgezogen und mich auf Felsengrund gestellt. Jetzt kann ich wieder sichere Schritte tun.
Ein neues Lied hat er mir in den Mund gelegt,
mit dem ich ihn preisen kann, ihn, unseren Gott.
Viele sollen es hören und sehen; dann nehmen sie den Herrn wieder ernst und schenken ihm ihr Vertrauen.

(Psalm 40,2-4)

* Bibelverse (in der Reihenfolge der mit Sternchen markierten Stellen im Gebet): Jakobus 3,5-6; Jakobus 1,26; Römer 12,14; Sprüche 11,12; Psalm 34,14; 1. Petrus 3,8-9; 1. Mose 1,26

Dafür will ich heute beten:

Eine Eigenschaft Gottes, auf die ich mich heute konzentrieren will: (Danke, Gott, dass du ...)

Eine Verheißung aus der Bibel für diesen Tag:

14. TAG

Die eigene Vergangenheit bewältigen

Keinem von uns liegt es im Blut, eine gute Mutter oder ein guter Vater zu sein. Manchmal hindert uns unsere eigene Lebensgeschichte daran. Doch selbst wenn uns unsere eigenen Eltern kein gutes Vorbild waren oder wenn wir selbst Fehler gemacht haben, ist Gott immer noch größer als all unsere Schwierigkeiten.

HERR, manchmal betrachte ich mich selbst mit einem kritischen Blick und erschrecke, wenn ich daran denke, dass ich Mutter bin. Ich weiß nicht, was ich tue - ich weiß es wirklich nicht. Ich habe viele angenehme Kindheitserinnerungen, aber manche sind auch sehr schmerzlich für mich. Es gibt diese Narben in meinem Herzen und ich habe Angst, dass ich die Fehler, unter denen ich als Kind zu leiden hatte, wiederholen könnte. Ich fühle mich schlecht für die Erziehungsaufgaben gerüstet und habe Angst, meinen Kindern auf irgendeine Weise zu schaden.

Dein Wort verheißt mir, dass du mich in allem leiten wirst. Du wirst mir immer den nächsten Schritt zeigen, wie eine Lampe, die meinen Weg beleuchtet.* Herr, sei du mein Licht. Leuchte in die dunklen Ecken meines Herzens und hilf mir bei den Dingen, mit denen ich selbst nicht klarkomme. Gib mir die Weisheit, die nur du schenken kannst.

Ich weiß, dass ich Verhaltensweisen besitze, die nicht gut sind und dir keine Freude bereiten. Bitte, zeige sie mir (sei dabei so sanft wie möglich, Herr) und hilf mir zu erkennen, wie ich mich davon frei machen kann.* Ich weiß, ich bin ein neuer Mensch, dem seine Schuld vergeben ist, weil ich in dir lebe und du in mir.* Mache mich frei von den Fehlern meiner Vergangenheit - und zeige mir deutlich jede ungute Familientradition, mit der ich brechen muss. Ich möchte beginnen, ein Leben zu führen, das von der Liebe zu dir und der Hingabe an dich geprägt ist. Gib mir den Mut, mein Leben positiv zu verändern - nicht nur um meiner Kinder willen.

Hilf mir, Vergangenes hinter mir zu lassen und mich von negativen Dingen zu trennen. Danke, dass du mir meine Schuld nicht anrechnest, sondern sie so weit von mir entfernst, wie der Osten und der Westen auseinanderliegen.* Ich weiß, dass du in meinem Leben etwas Neues schaffst, und in diesem Kind, das du mir anvertraut hast, habe ich es Tag für Tag vor Augen.

Vater, ich möchte, dass meine Familie in gesunden Strukturen lebt und dich von Herzen liebt. Ich bitte dich, dass du den Segen deiner Liebe über dieser und allen kommenden Generationen ausgießt.*

Der Herr sagt: „... blickt doch nicht immer zurück!
Ich schaffe jetzt etwas Neues!
Es kündigt sich schon an, merkt ihr das nicht?
Ich werde eine Straße durch die Wüste legen
und lasse dort Ströme fließen."
(Jesaja 43,16.18–19)

* Bibelverse (in der Reihenfolge der mit Sternchen markierten Stellen im Gebet): Psalm 119,105; Jeremia 10,24; 2. Korinther 5,17; Psalm 103,12; 2. Mose 20,6

Dafür will ich heute beten:

Eine Eigenschaft Gottes, auf die ich mich heute konzentrieren will: (Danke, Gott, dass du …)

Eine Verheißung aus der Bibel für diesen Tag:

15. TAG

Dieses Kind gehört Gott

Wir sind zwar die Eltern unserer Kinder, doch letztlich gehören sie Gott. Er hat sie uns nur für kurze Zeit anvertraut. Wie finden wir zu einem ausgewogenen Verhältnis zwischen unserer Verantwortung als Eltern unserer Kinder und der Notwendigkeit, sie ganz und gar an Gott abzugeben, damit er seinen Weg mit ihnen gehen kann?

HERR, ich habe dich, schon lange bevor dieses Kind überhaupt empfangen wurde, um Kinder gebeten.* Du hast diese Bitte erhört und uns zu deiner Zeit ein Kind geschenkt. Hab Dank dafür! Ich empfinde Dankbarkeit und Demut bei dem Gedanken, dass du mir diesen kleinen Menschen anvertraut hast. Die Verantwortung, meinen Sohn großzuziehen, erfüllt mich mit Ehrfurcht.

Mir ist bewusst, dass du, Vater, Gott bist – und nicht ich. Doch ich habe meine Schwierigkeiten damit, denn ich möchte das Leben dieses Jungen am liebsten ständig überwachen und beschützen, damit es ihm gut geht. In deinem Wort sagst du mir jedoch ganz klar, dass meine Pläne keinen Bestand haben, im Gegensatz zu deinen.* Ich will dir die Kontrolle über das Leben meines Sohnes überlassen. Ich möchte, dass er ganz dein ist, auch wenn ich zugeben muss, dass ich tief im Herzen damit kämpfe, ihn dir ganz anzuvertrauen.

Ich lege dir jetzt mein Kind in deine Hände – wie Maria und Josef, die Jesus als Neugeborenen in den Tempel brachten, um ihn dir, Gott, zu weihen.* Als Hannas lang ersehnter Sohn Samuel drei Jahre alt war, brachte sie ihn ebenfalls in den Tempel. In gleicher

Weise gebe ich dir mein Kind hin. Es soll für den Rest seines Lebens dir gehören.* Ich übergebe dir die letzte Verantwortung für das Leben meines Sohnes. Du sollst sein Herr sein. Führe ihn, zeige ihm den rechten Weg, leite ihn nach deinem Willen.

Ich weiß, es wird Tage geben, an denen ich ihn dir am liebsten wieder aus der Hand reißen würde – weil ich ihn vor Schmerzhaftem bewahren möchte. Auf der anderen Seite ist mir aber auch klar, dass du selbst die schwierigen Momente zu seinem Wohl gebrauchen und mir vielleicht gleichzeitig zeigen willst, dass ich in meiner selbstsüchtigen Art einen wichtigeren Platz in seinem Leben einnehmen möchte als du. Herr, erinnere mich immer wieder daran, dass du meinen Sohn noch viel mehr liebst als ich.* Dein Plan für sein Leben ist perfekt, selbst wenn er nicht dem entspricht, was *ich* mir für meinen Sohn wünsche. Hilf mir, ihn auch heute deinen zärtlichen Armen anzuvertrauen.

Würdig bist du, unser Herr und Gott,
dass alle dich preisen und ehren
und deine Macht anerkennen.
Denn du hast die ganze Welt geschaffen;
weil du es gewollt hast, ist sie entstanden.
(Offenbarung 4,11)

* Bibelverse (in der Reihenfolge der mit Sternchen markierten Stellen im Gebet): 1. Samuel 1,27; Sprüche 19,21; Lukas 2,22–23; 1. Samuel 1,28; 2. Mose 15,13

Dafür will ich heute beten:

Eine Eigenschaft Gottes, auf die ich mich heute konzentrieren will: (Danke, Gott, dass du ...)

Eine Verheißung aus der Bibel für diesen Tag:

16. TAG

Mein Kind mit Gottes Augen sehen lernen

Unsere Kinder sind Individuen – kleine eigenständige Personen. Sie spiegeln möglicherweise Teile von unserer Persönlichkeit wider oder sehen aus wie ihr Papa. Aber Gott hat sie als einzigartige Wesen geschaffen. Wie kann ich diese ganz besondere Persönlichkeit, die Gott in mein Kind hineingelegt hat, stärken und fördern?

HIMMLISCHER VATER, ich fühle mich geschmeichelt, wenn die Leute sagen: „Deine Tochter sieht dir ja so ähnlich!“ Das ist natürlich ein schönes Kompliment, aber ob sie das auch so empfinden würde? Ich möchte schon, dass meine Tochter mir irgendwie ähnlich sieht. In vielerlei Hinsicht ist sie mir aber überhaupt nicht ähnlich! Manchmal verstehe ich ihre Sicht der Dinge ganz und gar nicht und dann bin ich frustriert, weil sie vieles anders anpackt als ich.

Vater, vergib mir meine Erwartung, dass mein Kind genauso sein soll wie ich. Mir ist bewusst, dass einer von meiner Sorte in dieser Welt genügt! Vergib mir, wenn ich mein Kind mit seinen Geschwistern oder mit anderen Kindern vergleiche. Wenn du meine Tochter anschaust, siehst du nichts als sie selbst, und du bist vollauf zufrieden mit deinem Geschöpf und freust dich an ihr.

Mein Wunsch ist, dass ich dieses Kind, das du, Herr, geschaffen hast, mit deinen Augen sehen kann. Ich weiß, dass du dich nicht von Äußerlichkeiten ablenken lässt, sondern das Herz ansiehst.*

Du hast meine Tochter beim Namen gerufen, sie gehört zu dir.* Hilf mir, einen liebenden Blick für meine Tochter zu entwickeln. Gib mir Augen, die die besonderen Gaben erkennen, die du ihr geschenkt hast. Hilf ihr, diese Gaben zu deiner Ehre einzusetzen. Danke, dass du sie anders geschaffen hast als mich!* Zeige mir, wie ich sie heute spürbar ermutigen kann, den Interessen nachzugehen, die zu *ihr* passen.

Gebiete mir Einhalt, wenn ich versuche, meine Tochter zu einer Miniaturausgabe meiner selbst zu machen. Hilf mir, ihr genügend Raum zum Atmen zu geben, damit sie sich selbst entdecken kann. Und wenn du schon mal dabei bist, Herr: Lass mich auch Neues an mir selbst entdecken. Mach uns beiden immer wieder bewusst, dass wir deine Geliebten sind und dass du dich von Herzen an uns freust!*

Der Herr aber ist der Geist,
und wo der Geist des Herrn wirkt, da ist Freiheit.
Wir alle spiegeln mit enthülltem Angesicht
die Herrlichkeit des Herrn wider
und werden so in sein eigenes Bild verwandelt,
von Herrlichkeit zu Herrlichkeit,
durch den Geist des Herrn.
(2. Korinther 3,17–18; Einheitsübersetzung)

* Bibelverse (in der Reihenfolge der mit Sternchen markierten Stellen im Gebet): 1. Samuel 16,7; Jesaja 43,1; 1. Korinther 12,4.7; Hoheslied 7,7

Dafür will ich heute beten:

Eine Eigenschaft Gottes, auf die ich mich heute konzentrieren will: (Danke, Gott, dass du ...)

Eine Verheißung aus der Bibel für diesen Tag:

17. TAG

Unrealistische Erwartungen

Erwartungsdruck kann eine tonnenschwere Last sein. Manchmal laden wir uns selbst diese Lasten auf; manchmal sind es andere, die sie uns aufbürden – Menschen, denen wir es unbedingt recht machen wollen. Aber wenn wir versuchen, den Erwartungen nachzukommen, werden wir schnell erkennen, dass wir dazu gar nicht in der Lage sind.

VATER, ich stamme aus einer großartigen Familie. Ich hatte gute Vorbilder und eine behütete Kindheit. Meine Eltern waren nicht vollkommen, aber sie haben uns ein gutes Fundament mitgegeben. Trotzdem empfinde ich manchmal all die Erwartungen, die Eltern, Kollegen und Freunde an mich stellen, auch als eine Last. Ich weiß nicht, ob ich sie alle erfüllen kann!

Herr, du weißt, wie viel Druck ich mir mache, wenn ich mir sage: *Es gibt keine Entschuldigungen. Du solltest die Kindererziehung endlich auf die Reihe kriegen. Schließlich bist du begabt. Und außerdem hattest du gute Vorbilder, hast unzählige Erziehungsseminare besucht und tolle Bücher darüber gelesen.*

Jedes Mal, wenn ich die Geduld verliere, nicht die richtige Antwort für mein verletztes Kind parat habe oder meinen Mann nicht angemessen unterstütze, komme ich mir wie ein Versager vor. Dann kriege ich Schuldgefühle, weil ich mir denke, *ich* sollte es doch besser wissen.

Könnte das vielleicht schon wieder das hässliche Gesicht des Stolzes sein, das sich hier zeigt? Könnte es sein, dass ich unrealistische Erwartungen an mich selbst stelle?

Vater, vergib mir! Es ist mein Stolz im Gewand unrealistischer Erwartungen. Ich bin ein sündiger Mensch und ich weiß, dass ich ohne dich nichts tun kann.* Was mir meine Eltern mitgegeben haben, ist ein Segen, aber keine Erfolgsgarantie. Selbst wenn ich alles richtig machen würde: Es garantiert nicht, dass aus meinen Kindern auch etwas wird. Ich brauche dich genauso wie andere Menschen. Ich kann das nicht aus eigener Kraft schaffen. Ich versage immer wieder und verurteile mich auch noch dafür.

Danke, Herr, dass du mich nicht verurteilst.* Du weißt, dass ich nur Staub bin!* Du weißt, wie zerbrechlich ich bin,* und deine Liebe zu mir hängt nicht davon ab, ob ich eine gute Mutter, Ehefrau oder Freundin bin. Du liebst mich aus einem einzigen Grund: weil ich dein Kind bin.*

Vater, ich danke dir für meine Kindheit und für meine Eltern, die dich lieben und mir von dir erzählt haben. Du hast diese Familie, aus der ich komme, für mich ausgesucht und dafür bin ich dir dankbar. Lass mich das Danken nie vergessen und bewahre mich davor, dass mir deine Gabe zur Last wird.

Herr, bitte führe das Werk fort, das du vor Generationen in unserer Familie begonnen hast. Ich weiß, du willst zu all meinen Kindern und Enkeln eine tiefe Liebesbeziehung haben und sie auf ihrem Lebensweg begleiten. Ich bitte dich, lass keines von ihnen verloren gehen, bis du wiederkommst.

„Ich schließe mit ihnen einen Bund“, sagt der Herr, „und gebe ihnen die feste Zusage: Mein Geist, den ich dir, meinem Propheten, gegeben habe, und die Worte, die ich dir anvertraut habe, werden bei deinen Nachkommen lebendig bleiben und bei den Nachkommen deiner Nachkommen, von einer Generation zur andern. Ich, der Herr, sage es.“

(Jesaja 59,21)

* Bibelverse (in der Reihenfolge der mit Sternchen markierten Stellen im Gebet): Johannes 15,5; Johannes 3,18; Psalm 103,14; Matthäus 26,41; Psalm 145,8–9

Dafür will ich heute beten:

Eine Eigenschaft Gottes, auf die ich mich heute konzentrieren will: (Danke, Gott, dass du ...)

Eine Verheißung aus der Bibel für diesen Tag:

18. TAG

Nächstenliebe vorleben

In unserer ichbezogenen Gesellschaft passiert es leicht, dass wir unsere Kinder zur Selbstsucht erziehen. Doch ein selbstsüchtiger Mensch wird niemals glücklich und zufrieden sein. Gott hat uns dazu berufen, andere höher zu achten als uns selbst.

HIMMLISCHER VATER, mein Kind ist so egoistisch. Ich komme mir vor, als würde ich den Kleinen ständig bedienen. Seine Forderungen werden schnell deutlich: „Gib mir, was ich brauche! Sorge dafür, dass ich glücklich bin! Beschäftige dich mit mir! Tu, was mir gefällt!“ Wenn etwas nicht so läuft, wie er sich das vorstellt, bekommen das alle um ihn herum sehr schnell zu spüren. Mir ist bewusst, dass ich für meinen Sohn in diesem Alter noch vieles tun muss. Aber je älter er wird, umso mehr muss ich ihm auch beibringen, dass sich nicht die ganze Welt nur um ihn dreht.

Ich wünsche mir, dass er zu einem Erwachsenen heranreift, der einen Blick für die Bedürfnisse anderer hat und nicht nur um seine eigenen Bedürfnisse kreist. Ich weiß, ich muss ihm, wenn er noch klein ist, beibringen, an andere zu denken.

Vater, du hast uns aufgetragen, dich von ganzem Herzen, mit unserem ganzen Willen und von ganzer Seele zu lieben und unseren Nächsten wie uns selbst.* Du selbst hast uns das vorgelebt, als du deinen einzigen Sohn für uns dahingabst.* Du hast uns reich beschenkt, ohne etwas zurückzuerwarten. Aber was wir Menschen dir zurückgaben, war grausame Ablehnung. Du bist vollkommen, voller Liebe und ganz uns Menschen zugewandt.

Der Apostel Paulus ermahnt uns, nicht höher von uns zu denken, als uns zusteht,* und nicht selbstsüchtig und eingebildet zu sein, sondern andere in echter Demut höher zu achten als uns selbst.*

Vater, das liegt mir nicht im Blut. Mein Kind wird mit Werbung bombardiert, die ihm vorschreiben will, was es braucht, um glücklich zu sein. Auch ich spüre den Druck, ihn um jeden Preis zu einem glücklichen Kind zu machen.

Zeige mir, wie ich ihm beibringen kann, an andere zu denken. Hilf mir, ihn darin anzuleiten, dass er sich fragt, was andere brauchen, und lernt, sich um sie zu kümmern. Gib meinem Sohn ein offenes Auge für ältere Menschen, für einen traurigen Klassenkameraden oder für das Kind, mit dem in der Pause keiner spielen will. Zeige uns, wie er ganz konkret anderen in Liebe begegnen kann. Zeig uns, wie wir das als gesamte Familie immer wieder einüben können.

Der Herr hat dich wissen lassen, Mensch,
was gut ist und was er von dir erwartet:
Halte dich an das Recht,
sei menschlich zu deinen Mitmenschen,
und lebe in steter Verbindung mit deinem Gott!
(Micha 6,8)

* Bibelverse (in der Reihenfolge der mit Sternchen markierten Stellen im Gebet): Matthäus 22,37–39; Johannes 3,16; Römer 12,3; Philipper 2,3–4

Dafür will ich heute beten:

Eine Eigenschaft Gottes, auf die ich mich heute konzentrieren will: (Danke, Gott, dass du ...)

Eine Verheißung aus der Bibel für diesen Tag:

19. TAG

Ein zu voller Terminkalender

Unser Leben ist viel zu vollgestopft. Wir hasten von einem Termin zum nächsten, auch schon unsere Kinder. Aber es gäbe so viele gute Dinge, für die sie ihre Zeit besser verwenden könnten! Ist denn diejenige die beste Mutter, deren Kinder den vollsten Terminkalender haben?

GOTT, mein Leben ist so ausgelastet! Ich komme mir vor wie ein Hamster im Laufrad. Es gibt viel zu viele Aktivitäten, zwischen denen ich mich entscheiden muss. Es würde mir sicher nicht so schwerfallen, wenn es immer nur eine Entscheidung zwischen gut und schlecht wäre, aber oft sind *alle* Optionen gut. Und irgendetwas in mir will mir stets weismachen: *Die besten Eltern sind die, deren Kind bei den meisten Aktivitäten mitmacht.*

Ich weiß, dass das nicht stimmt! Und doch tappt man so leicht in die Falle, sich zu viele Verpflichtungen aufzuladen. Ich fühle mich dadurch nur gestresst. Herr, mir ist bewusst: Auf lange Sicht ist es wichtiger, zu vielen dieser Dinge Nein zu sagen. Ich bin dafür verantwortlich, meinen Kindern zu helfen, die richtigen Grenzen zu ziehen. Bei all diesen Aktivitäten können wir höchstens Pokale sammeln, die später einmal auf dem Regal verstauben. Du aber möchtest, dass wir unsere Energien in Dinge investieren, die ein Leben lang Bestand haben – zum Beispiel in freundschaftlichen Beziehungen innerhalb der Familie. Ich will lieber an Freundschaften arbeiten als Pokale sammeln.

Ich brauche deine Hilfe, Herr. Als König Salomo dich um ein Herz bat, das auf deine Weisung hört, freutest du dich über diese Bitte und gabst ihm ein solches Herz.* Zeige mir, wann ich zu einer Sache Ja und wann Nein sagen soll oder etwas aufschieben muss. Lass mich erkennen, was unter den vielen Optionen dein Wille ist, damit ich weiß, was für unsere Familie gut und richtig ist. Mache mich frei von dem Denken „Eigentlich sollte oder müsste ich doch ...".

Danke, dass du mir zeigst, dass es im Leben „Jahreszeiten" gibt.* Wir müssen nicht alles in einer einzigen Lebensphase erreicht haben. Zeige mir, welche Dinge ich für eine spätere Lebensphase aufheben sollte, statt sie auf Biegen und Brechen in meine momentane Situation hineinzuzwängen. Gib mir bei schwierigen Entscheidungen eine langfristige Perspektive. Und schenke mir den Mut, konsequent zu bleiben, wenn meinem Kind meine Entscheidung nicht passt.

Danke, dass dir unsere Aktivitäten und Möglichkeiten am Herzen liegen. Danke, dass du versprochen hast, uns deine Weisheit zu schenken, damit wir kluge Entscheidungen treffen können.*

Ich liebe den Herrn, denn er hört mich,
wenn ich zu ihm um Hilfe schreie.
Er hat ein offenes Ohr für mich;
darum bete ich zu ihm, solange ich lebe.
(Psalm 116,1–2)

* Bibelverse (in der Reihenfolge der mit Sternchen markierten Stellen im Gebet): 1. Könige 3,7–12; 1. Prediger 3,1; Jakobus 1,5

Dafür will ich heute beten:

Eine Eigenschaft Gottes, auf die ich mich heute konzentrieren will: (Danke, Gott, dass du ...)

Eine Verheißung aus der Bibel für diesen Tag:

20. TAG

Der Einfluss von Erzieherinnen und Babysittern

Erzieher, Tagesmutter, Babysitter – es kann einem angst und bange werden, wenn man seine Kinder in die Obhut anderer Menschen gibt. Wir haben kaum einen Einfluss darauf, was geschieht, während wir nicht anwesend sind. Was, wenn diese Menschen ihnen Leid zufügen?

LIEBER VATER, ich kenne mein Kind wirklich gut. Ich weiß genau um die Eigenarten und Bedürfnisse meines Sohnes. Aber ich muss ihn auch anderen anvertrauen: ihn in die Obhut des Babysitters, der Tagesmutter und der Erzieherinnen geben. Das macht mir Angst!

Was, wenn der Babysitter nicht richtig aufpasst und irgendetwas Schreckliches passiert? Was, wenn die Erzieherin die Gefühle meines Kindes verletzt? Mein Sohn ist doch so empfindsam; vielleicht bemerkt sie es gar nicht. Was, wenn im Haus eines seiner Freunde irgendetwas passiert, was ihm Angst macht? Was, wenn die Menschen, in deren Obhut ich ihn zurücklasse, gefährlich für meinen Sohn sind oder einfach nur ungeeignet, um sich angemessen um ihn zu kümmern?

Bitte, Herr, mache mich frei von dieser Angst. Schenke mir deinen Frieden.* Vater, gib du meinem Kind Zuflucht unter dem Schatten deiner Flügel.* Schütze meinen Sohn in der Kraft deines

Namens - egal, wo er gerade ist.* Gib ihm ein waches Bewusstsein - und schenke du, dass er mir ohne Zögern von Situationen erzählt, in denen er gefährdet ist. Bewahre mein Kind davor, dass ihm die Menschen, denen es anvertraut ist, Leid zufügen.

Schenke uns Betreuer, die an dich glauben. Ich bitte dich insbesondere für ______________ und für __________________. Segne sie, wenn sie sich heute um meinen Sohn kümmern. Gib ihnen ein übernatürliches Maß an Geduld und Verständnis.* Rüste sie aus mit Weisheit, wenn sie meinen Sohn zurechtweisen oder anleiten.* Hilf ihnen, mein Kind „auf rechter Straße" zu führen.*

Ich bitte dich, dass du der Erzieherin meines Sohnes heute die Fähigkeit gibst, ihn dort zur Ausdauer zu ermutigen, wo ihm eine Aufgabe schwerfällt - zum Beispiel, wenn er ______________. Ich weiß, du magst es, wenn ich dich ganz konkret um mein Kind bitte. Danke, dass dein Herz für die Kinder schlägt und dass dir das Wohl meines Sohnes sehr wichtig ist.*

Bittet, und ihr werdet bekommen!
Sucht, und ihr werdet finden!
Klopft an, und es wird euch geöffnet!
Denn wer bittet, der bekommt; wer sucht, der findet;
und wer anklopft, dem wird geöffnet.
... wie viel mehr wird euer Vater im Himmel
denen Gutes geben, die ihn darum bitten.
(Matthäus 7,7-8.11)

* Bibelverse (in der Reihenfolge der mit Sternchen markierten Stellen im Gebet): Johannes 14,27; Psalm 17,8; Johannes 17,11; Epheser 4,2; Sprüche 29,15; Psalm 23,3; Markus 10,13-16

Dafür will ich heute beten:

Eine Eigenschaft Gottes, auf die ich mich heute konzentrieren will: (Danke, Gott, dass du ...)

Eine Verheißung aus der Bibel für diesen Tag:

21. TAG

Die Freunde meines Kindes

Freunde und Feinde, Loyalität und Ablehnung ... Selbst kleine Kinder besitzen bereits die Macht, anderen den Rücken zu stärken oder sie zu verletzen. Und dann gibt es ja auch noch diese Cliquen. Ich dachte, damit geht es erst los, wenn die Kinder älter werden. Der rechte Umgang mit den Freundschaften unserer Kinder ist ein sensibles Thema.

HERR, meine Tochter war heute in Tränen aufgelöst, weil sie sich entscheiden musste, wen sie zu ihrer Geburtstagsfeier einladen will. Ein kleines Mädchen hatte ihr mitgeteilt, *sie* werde auf keinen Fall kommen, wenn meine Tochter ein bestimmtes anderes Mädchen, das auch eine Freundin meiner Tochter ist, einlädt. Ich hätte diesem Biest am liebsten eine runtergehauen und sie eigenhändig von der Liste gestrichen, aber das wäre wohl nicht sehr christlich. Manchmal muss ich mir bewusst machen, dass ich hier die Erwachsene bin und mich nicht wie ein Kind benehmen darf!

Vater, ich danke dir, dass ich dir meine Gefühle offen zeigen kann! In den Freundschaften der Kinder untereinander wird mit so vielen Tricks gearbeitet! Ich möchte, dass meiner Tochter niemand egal ist, besonders die nicht, die nicht so liebenswert sind. Aber in meinem Innern wohnt ein kleines Mädchen, das will, dass meine Tochter bei allen beliebt ist. Es wurmt mich, wenn ich sehe, wie sie sich bereitwillig auf die Seite des allseits beliebten Mädchens stellt, nur um dann von ihr fallengelassen zu werden.

Manchmal bin ich durch diese Wunden, die ihr da geschlagen werden, noch viel verletzter als sie selbst.

Vater, ich bitte dich um Weisheit. Wie kann ich meiner Tochter helfen, mit Ablehnung umzugehen? Wie kann sie damit leben? Und wie helfe ich ihr dabei, wo ich doch selber so sehr damit zu kämpfen habe?

Über dich haben sie sich lustig gemacht; sie haben dich abgelehnt. Du weißt, wie es ist, wenn man von Menschen im Stich gelassen wird, die man für treue Freunde gehalten hat.* Du wurdest von anderen verletzt, und trotzdem hast du ihnen vergeben und bist ihnen sogar noch barmherzig gewesen.* Diese Fähigkeit wünsche ich mir auch für meine Tochter. Zeige mir, wie ich ihr darin ein Vorbild sein kann, sodass sie es versteht.

Ich weiß, ich habe die Beziehungen meiner Tochter nicht völlig in der Hand, Herr. Aber hilf mir, dass ich ihr den Weg zu guten Freundschaften weisen kann, wenn es nötig ist. Schenke ihr ein kleines Mädchen, das aus einer Familie kommt, in der man dich kennt. Behüte ihr Herz.* Bewahre sie vor Freundinnen, die sie verraten oder einen schlechten Einfluss auf sie ausüben. Gib uns beiden die Fähigkeit zu erkennen, welche Beziehungen sie besser nicht weiterführen soll. Und wenn ihr kleines Herz verletzt wurde, hilf mir durch mein Mitgefühl ihre Gefühle anzuerkennen, ohne überzureagieren. Gib mir die rechten Worte, die es ihr möglich machen, anderen freundlich zu begegnen, egal, wie diese sich ihr gegenüber verhalten.*

Danke, Vater, für all die Freude, die mein Kind durch Freundschaften erleben wird. Danke, dass diese Beziehungen von dir kommen – wie alles Gute im Leben.

Alles, was zum Leben und zur Frömmigkeit dient, hat uns seine göttliche Kraft geschenkt durch die Erkenntnis dessen, der uns berufen hat durch seine Herrlichkeit und Kraft. Durch sie sind uns die teuren und allergrößten Verheißungen geschenkt … (2. Petrus 1,3–4; Luther)

* Bibelverse (in der Reihenfolge der mit Sternchen markierten Stellen im Gebet): Matthäus 26,14–16; Lukas 23,34; Sprüche 4,23; Matthäus 5,39–42

Dafür will ich heute beten:

Eine Eigenschaft Gottes, auf die ich mich heute konzentrieren will: (Danke, Gott, dass du ...)

Eine Verheißung aus der Bibel für diesen Tag:

22. TAG

Warten ist schwer

„Du musst halt noch ein bisschen warten!" – Das ist kein leichter Satz. Niemand von uns wartet gerne auf etwas, auch unsere Kinder nicht. Wir wollen gleich die richtige Antwort. Wir möchten heute noch wissen, wie es weitergeht. Wir wollen, dass die Dinge sofort wieder in Ordnung kommen. Warten zu müssen, tut weh.

HERR, ich habe das Gefühl, dass nichts, aber auch gar nichts weitergeht. Ich kann deine Stimme nicht hören. Ich weiß nicht, was ich tun soll, und fühle mich völlig hilflos. Ich möchte meinem Kind beistehen und weiß nicht, wie.

Ich fühle mich, als hättest du mich in die Warteschleife abgeschoben. Ständig rufe ich zu dir, aber ich bekomme keine Antwort. Kann es sein, dass ich lernen muss zu warten? Kann es sein, dass mein Kind lernen muss zu warten? Ich warte nicht gerne, Vater. Ich lebe schließlich in einer Gesellschaft, in der Sofortbefriedigung großgeschrieben wird. Und sehr oft erwarte ich auch von dir, dass du sofort handelst. Ich weiß, dass man im Leben auf vieles warten muss. Aber das fällt mir so schwer. Und es tut mir weh, mein Kind leiden zu sehen. Was, wenn mein Sohn zu dem Schluss kommt, er wäre dir egal?

Aber er ist dir nicht egal, Herr!* Es ist gut, wenn mein Sohn jetzt schon lernt, zu warten.* Wenn er bereits heute lernt, auf die kleinen Dinge im Leben zu warten, wird er später einmal die Geduld haben, auf die großen Dinge zu warten. Manchmal steht es in meiner Macht, die Dinge umgehend für ihn zu regeln. Aber das ist nicht immer klug. Zeige mir, wann ich seine Wünsche *nicht* erfüllen soll, sondern ihm beibringen muss zu warten. Zeige mir auch, wie ich meinen Sohn dazu ermutigen kann, ein waches Herz und offene Ohren für dich zu haben, solange er auf dein Handeln warten muss.

Es gibt Zeiten, Herr, in denen *ich* nicht weiß, was ich tun soll, und in denen mir nichts anderes bleibt, als abzuwarten. Ich rufe zu dir, aber ich höre nur Schweigen. Und dann warte ich oft mit großer Ungeduld. Danke, dass du handelst, selbst wenn ich nicht sofort eine Antwort bekomme oder sich die Dinge nicht wie von selbst lösen.* Du weißt, was die beste - wenn auch nicht immer die schnellste - Lösung ist. Und während ich auf dich warte, handelst du bereits.*

Ich bitte dich, dass du in Zeiten, in denen uns nichts anderes bleibt, als zu warten, zu uns sprichst und uns hilfst, dich tiefer zu erkennen - und das vielleicht auf überraschende Art und Weise. Danke für deine Zusage, dass uns alles - auch das Warten - zum Besten dient.*

Wer festen Herzens ist, dem bewahrst du Frieden;
denn er verlässt sich auf dich.
(Jesaja 26,3; Luther)

* Bibelverse (in der Reihenfolge der mit Sternchen markierten Stellen im Gebet): Jesaja 30,18; Psalm 27,14; Jesaja 55,8-9; Jesaja 30,18; Römer 8,28

Dafür will ich heute beten:

Eine Eigenschaft Gottes, auf die ich mich heute konzentrieren will: (Danke, Gott, dass du ...)

Eine Verheißung aus der Bibel für diesen Tag:

23. TAG

Vergebung leben

Jeder von uns macht Fehler. Wir verletzen andere. Bei unseren Kindern ist das nicht anders. Unsere Schuld ist der Grund, warum Christus am Kreuz gestorben ist. Er ist bereit, uns zu vergeben. Aber wir müssen ihn und andere um Vergebung bitten. Vergebung ist vermutlich die wichtigste Zutat zu einem gelungenen Familienleben.

VATER, du weißt, dass ich gerade sehr wütend auf meine Tochter geworden bin, weil sie sich mit ihrem Bruder gestritten hat. Ich war müde und habe mir nicht die Mühe gemacht herauszufinden, was überhaupt passiert ist. Ich habe ihr hässliche Worte an den Kopf geworfen. Nun habe ich entdeckt, dass es gar nicht ihr Fehler war! Jetzt weinen wir beide und ich habe wieder einmal alles vermasselt.

Herr, ich muss mich entschuldigen und sie bitten, mir meine unfreundlichen Worte zu vergeben. Aber das fällt mir so schwer. Schließlich bin ich ja die Mutter und würde am liebsten gleich anschließen: „... aber du hättest doch auch ...!“ Es ist mir peinlich. Es widerstrebt mir, sie um Vergebung zu bitten. Am liebsten würde ich die Sache auf sich beruhen lassen.

Es geht dabei nicht nur um diese eine Situation, Herr. Bei meinem Mann geht es mir nicht anders. Da sage ich etwas, das ich nicht hätte sagen sollen, oder verletze ihn mutwillig. Und dann muss ich ihn ebenso um Vergebung bitten. Wenn es keine Absicht war, reicht eine knappe Entschuldigung; aber oft ist es ja kein Versehen. Und wenn es darum geht, um Vergebung zu bitten, ist die Sache meist richtig kompliziert – die Bitte um Vergebung verlangt nach einer Antwort. Die Person, die ich verletzt habe, muss sich entscheiden, ob sie bereit ist zu vergeben. Vater, ich weiß, ich darf nicht so lange warten, bis ich gefühlsmäßig bereit bin, andere um Vergebung zu bitten. Ich muss es aus meinem Gehorsam heraus tun. Du hast mir geboten, meine Schuld zu bekennen und um Vergebung zu bitten* – und dann darauf zu warten und zu vertrauen, dass du die verletzten Gefühle heilen wirst.* Doch dein Heilungsprozess kann nicht beginnen, solange ich nicht um Vergebung bitte.*

Vater, gib mir den nötigen Mut, denn ich will dir gehorsam sein. Die kleinen Augen meiner Kinder beobachten mich dabei. Hilf mir, ihnen beizubringen, Vergebung zu erbitten und Vergebung zu schenken. Ich wünsche mir, dass alle ihre Beziehungen von deiner Gnade gekennzeichnet sind. Es ist wichtig, dass sie jetzt schon lernen, anderen zu verzeihen und dir ihre Schuld zu bekennen.

Danke, dass du uns liebst, egal, wie es in unserem Herzen aussieht.* Du hast König David einen „Mann nach Gottes Herzen" genannt, obwohl er viele schlimme Sünden begangen hat. Du bist niemals schockiert über mein Handeln oder das Betragen meiner Kinder. Wenn wir traurig sind über unsere Schuld, freut dich das, und du bietest uns deine umfassende Vergebung an.* Und, Herr: Ich danke dir auch, dass du unsere Schuld von uns wegnimmst und dich nicht mehr daran erinnerst,* wenn du uns die Schuld vergeben hast.

So fern der Osten vom Westen liegt,
so weit entfernt er die Schuld von uns.
(Psalm 103,12)

* Bibelverse (in der Reihenfolge der mit Sternchen markierten Stellen im Gebet): Psalm 66,18–20; 1. Johannes 1,8–10; Jakobus 5,13–16; 2. Chronik 6,30; Apostelgeschichte 13,38; Jesaja 43,25

Dafür will ich heute beten:

Eine Eigenschaft Gottes, auf die ich mich heute konzentrieren will: (Danke, Gott, dass du ...)

Eine Verheißung aus der Bibel für diesen Tag:

24. TAG

Die Sorge um die Gesundheit

Zu den Momenten, die bei der Kindererziehung so ziemlich das Schwerste sind, gehören die Zeiten, in denen wir nicht wissen, was wir tun sollen. Wir erkennen nicht immer, was für unser Kind das Richtige ist, zum Beispiel, wenn es ihm körperlich nicht gut geht. Gesundheitliche Sorgen sind beängstigend und verwirrend zugleich. Gott sei Dank gibt es einen, der weiß, was zu tun ist!

HERR, unser Kleiner ist wieder einmal krank.

Er wälzt sich brüllend am Boden und ich weiß nicht, was ihm fehlt. Der Kinderarzt rät das eine (Röhrchen in die Ohren einsetzen, und zwar so schnell wie möglich), meine Freundin etwas ganz anderes („Versuch's mal mit Homöopathie."). Jeder hat eine Antwort parat, aber keine scheint zu passen. Ich wünschte, mein Kind könnte mir sagen, was los ist.

Ich habe so viele Fragen und Sorgen, wenn es um die Gesundheit meines Kindes geht. Woran kann ich erkennen, ob es sich um gravierende Probleme handelt? Was ist, wenn ich die Symptome nicht erkenne? Und was, wenn ich überreagiere und wegen einer Kleinigkeit gleich mit ihm ins Krankenhaus fahre? Was muss ich tun, wenn er Atemnot bekommt? Und was wird, wenn er sich mit einer lebensgefährlichen Krankheit angesteckt hat?

Vater, bitte wache du über die Gesundheit meines Sohnes. Du kennst seinen kleinen Körper; du weißt, wie er gebaut ist.* Du hast ihn im Mutterleib zusammengefügt und hast ihn wunderbar gemacht.* Alles an ihm und in ihm hast du geschaffen. Wenn ihm etwas wehtut, fühlst du seinen Schmerz. Und du, Vater, bist auch unser Arzt.* Du möchtest, dass wir dich um Hilfe bitten.* Herr, du hast die Kraft, Kranke zu heilen und Tote zum Leben zu erwecken.* Ich bitte dich, dass du diese Kraft heute benutzt, um mein krankes Kind zu heilen. Und bitte behüte seinen Körper in deiner Güte vor weiterem Unheil.

Gib mir die Fähigkeit zu erkennen, wann mein Kind ernsthaft erkrankt ist und wann der Kleine nur eine Extraportion Zuwendung braucht. Schenke den Ärzten das nötige und aufrichtige Bemühen um die Gesundheit unseres Sohnes und ein waches Auge für seinen Zustand. Wenn mich Angst packt oder ich vor medizinischen Fragen stehe, die ich nicht verstehe, dann schenke mir deinen Frieden, der alles Verstehen übersteigt.* Gib mir die rechte Weisheit für die anstehenden Entscheidungen. Stell deinen Schutz über die Schulen, Kirchengemeinden und Kindergärten dieser Stadt, damit dort keine ansteckenden Krankheiten ausbrechen.

Danke, dass du meine Ängste um die Gesundheit meines Kindes nicht kindisch oder übertrieben findest, sondern dass dir diese Dinge sehr wichtig sind. Ich vertraue dir, Herr. Ich weiß, dass niemand, der dir vertraut, jemals enttäuscht werden wird.*

Segen soll über alle kommen, die allein auf mich, den Herrn,
ihr Vertrauen setzen! Sie sind wie Bäume, die am Wasser stehen und
ihre Wurzeln zum Bach hin ausstrecken. Sie fürchten nicht die glühende
Hitze; ihr Laub bleibt grün und frisch. Selbst wenn der Regen ausbleibt,
leiden sie keine Not. Nie hören sie auf, Frucht zu tragen. ...
Heile du mich, Herr, dann werde ich wieder gesund!
Hilf mir, dann ist mir wirklich geholfen!
Du hast mir doch immer Grund gegeben, dich zu preisen.

(Jeremia 17,7–8.14)

* Bibelverse (in der Reihenfolge der mit Sternchen markierten Stellen im Gebet): Psalm 103,14; Psalm 139,13–14; 2. Mose 15,26; Matthäus 7,7; Lukas 8,40–55; Philipper 4,7; Psalm 25,2–3

Dafür will ich heute beten:

Eine Eigenschaft Gottes, auf die ich mich heute konzentrieren will: (Danke, Gott, dass du ...)

Eine Verheißung aus der Bibel für diesen Tag:

25. TAG

Ein Zuhause, in dem die Freude regiert

Wir alle wünschen uns, dass unser Zuhause ein Ort ist, an dem man sich geliebt und angenommen fühlt. Doch das passiert nicht von selbst. Wir Mütter sind häufig diejenigen, die dafür den richtigen Ton vorgeben müssen.

VATER, ich denke, es stimmt, wenn man sagt, dass in einer Familie keiner so richtig glücklich sein kann, wenn die Mutter nicht glücklich ist. Heute laufe ich besonders Gefahr, eine schlechte Stimmung zu verbreiten. Aber mit deiner Hilfe, Herr, will ich fröhlich sein. Ich möchte, dass die anderen Menschen in mir eine Freundlichkeit* entdecken, die sie deine Nähe erfahren lässt. Mach mir heute Dinge bewusst, für die ich dir dankbar sein und für die ich dich loben kann.* Ich brauche das besonders, wenn ich anfange, mich selbst zu bemitleiden. Ich will aber auch nichts vorspielen oder unecht wirken, deshalb verlasse ich mich auf dich! Ich weiß, dass ich einen entscheidenden Einfluss auf die Atmosphäre habe, die in meiner Familie herrscht, und ich wünsche mir, dass in unserem Haus die Freude regiert!

Lass uns als Familie ein neues Haus bauen, Herr. Keines aus Stein, sondern eines, das aus den „Baumaterialien“ Weisheit, Verständnis und Erkenntnis zusammengesetzt ist – ein Haus, das eines Tages angefüllt ist mit kostbaren Schätzen: mit Herzen, die von deiner Freude erfüllt sind.* Gib, dass die Menschen, die in unser Haus kommen, so von deiner Wärme angezogen werden, dass sie den Staub und den Schmutz gar nicht bemerken. Mach unser Zuhause zu einem Ort, an dem Menschen sich verändern,* sodass meine Kinder und ihre Freunde hier Frieden erfahren und lachen können. (Und wenn du dieses ganze Durcheinander gleich mit verändern willst, dann darfst du das gerne tun!) Verwandle unser Haus in einen Platz, an dem man gerne ist - das wünsche ich mir besonders für die Freunde meiner Kinder. Gib uns als Familie die Bereitschaft, mit denen zu lachen, die sich freuen, und mit denen zu weinen, die traurig sind.* Und - ich bin so verwegen, dich darum zu bitten - verwandle in diesem Haus alle Traurigkeit in Freude.*

Danke, dass du in mir lebst und in diesem Zuhause lebendig bist! Erfülle diesen Ort tagtäglich mit deinem Geist der Liebe und der Freude und des Friedens.* Wir wollen uns freuen und fröhlich sein in dir, Herr,* denn du bist allezeit unsere Hoffnung, egal, was uns im Leben widerfährt. Ich weiß, das Leben ist hart. Doch ich bitte dich, dass du dein geistliches Feuer in mir lebendig hältst!*

Der Herr ist meine Stärke
und mein Lobgesang und ist mein Heil.
Das ist mein Gott, ich will ihn preisen,
er ist meines Vaters Gott, ich will ihn erheben.
(2. Mose 15,2)

* Bibelverse (in der Reihenfolge der mit Sternchen markierten Stellen im Gebet): Philipper 4,5; Philipper 4,8; Sprüche 24,3-4; Römer 12,2; Römer 12,15; Jeremia 31,13; Galater 5,22; Psalm 118,24; Römer 12,11

Dafür will ich heute beten:

Eine Eigenschaft Gottes, auf die ich mich heute konzentrieren will: (Danke, Gott, dass du ...)

Eine Verheißung aus der Bibel für diesen Tag:

26. TAG

Wie viel Strenge braucht mein Kind?

Die Frage, wie streng wir unsere Kinder erziehen sollten, ist wohl das Erziehungsthema, bei dem wir uns am unsichersten sind. Unsere Eltern haben eine Meinung zu diesem Thema, unsere Freunde eine ganz andere und wir selbst sind uns womöglich noch nicht einmal mit unserem Ehepartner einig. Wie finden wir heraus, was richtig ist?

HIMMLISCHER VATER, ich weiß nicht, welchen Erziehungsansatz ich mir zu eigen machen soll. Manchmal habe ich Angst, zu streng zu sein, bei anderen Gelegenheiten wiederum bin ich zu nachgiebig. Konsequent zu sein fällt mir schwer, insbesondere dann, wenn die Kinder mich und meinen Mann gegeneinander ausspielen. Mein Sohn hat einen starken Willen und braucht eine starke Hand; aber wenn ich streng mit ihm bin, macht er uns allen das Leben schwer. An manchen Tagen möchte ich mich gar nicht mehr mit seinen Wutanfällen abgeben und dann lasse ich ihm sein Verhalten durchgehen. Aber meine Inkonsequenz ist keineswegs hilfreich.

Du verstehst meinen Frust, Vater. Adam und Eva haben dir auch nicht gehorcht. Was du ihnen aufgetragen hattest, war zu ihrem Besten gedacht, doch sie wollten ihren eigenen Willen durchsetzen. Genau wie meine Kinder! Genau wie ich! Der Ungehorsam der beiden damals hatte schlimme Folgen, die wir bis heute zu spüren bekommen.* Es muss dir das Herz brechen, wenn wir dir nicht gehorchen.

Ich weiß, wie wichtig es ist, dass ich meinen Kindern beibringe, auf mich zu hören, Herr. Mein Sohn spürt meine Umarmungen und hört meine Stimme, wenn ich ihm sage, dass ich ihn lieb habe. Doch ich will ihm auch zeigen, dass *du* ihn liebst - und dass er lernen muss, auf dein Reden zu hören und dir zu gehorchen. Es ist schwer, das einem Kind zu vermitteln, wo es dich doch mit seinen eigenen Augen nicht sehen kann. Hilf mir, dass ich nicht aufgebe! Wie kann ich erwarten, dass er dir gehorcht, wenn ich ihm nicht beibringe, auf mich zu hören?*

Vater, bitte hilf mir bei dieser herausfordernden Aufgabe. Zeige mir das rechte Verhältnis von Liebe und Strenge.* Lass mich und meinen Mann erkennen, welche Erziehungsstrategien für unser Kind am besten sind, damit wir sie dann mit Konsequenz und Barmherzigkeit verfolgen können. Gib uns Stehvermögen und Beständigkeit. Und erinnere uns immer wieder daran, unser Kind für die Dinge zu loben, die es richtig macht.*

Herr, dein Wort enthält viele Aussagen über Erziehung und Konsequenz. Du erziehst den mit Strenge, den du liebst, denn Liebe und Strenge gehen Hand in Hand.* Vater, hilf mir, deine Erziehung anzunehmen.

... Gott handelt an uns zu unserem Besten,
damit wir an seiner Heiligkeit Anteil bekommen.
In dem Augenblick, in dem wir gestraft werden,
bereitet uns das nicht Freude, sondern Schmerz.
Aber später bringt es denen, die durch diese Schule gegangen sind, als Frucht Frieden und die Annahme bei Gott.
(Hebräer 12,10–11)

* Bibelverse (in der Reihenfolge der mit Sternchen markierten Stellen im Gebet): 1. Mose 3; 5. Mose 32,46–47; 2. Timotheus 4,2; Sprüche 3,11–12

Dafür will ich heute beten:

Eine Eigenschaft Gottes, auf die ich mich heute konzentrieren will: (Danke, Gott, dass du ...)

Eine Verheißung aus der Bibel für diesen Tag:

27. TAG

Ängste – die meiner Kinder und meine eigenen

Dunkle Räume, wilde Tiere, laute Geräusche: Viele Dinge können einem Kind Angst einjagen. Auch Neues – selbst wenn es etwas Gutes ist – kann Angst auslösen: ein neuer Babysitter, der erste Schultag, eine neue Sportart. Manche der Ängste meines Kindes erscheinen mir lächerlich, aber vermutlich erscheinen auch viele meiner Ängste Gott völlig unbegründet. Nicht nur mein Kind, auch ich selbst brauche Hilfe!

VATER, viele Ängste meines Kindes sind völlig unbegründet. Als seine Mutter weiß ich, dass meinem Jungen nichts passieren wird. Und doch entdecke ich in seiner Furcht meine eigene Angst. Ich habe Angst, er könnte von seinen Mitschülern abgelehnt werden oder einen Unfall haben. Und wenn ich meinen Gedanken freien Lauf lasse, beschleicht mich Angst vor einem Terroranschlag, vor Arbeitslosigkeit, vor einer finanziellen Krise oder vor dem Tod eines geliebten Menschen. Leicht messe ich meinen eigenen Ängsten mehr Bedeutung zu als denen meines Sohnes. Ich weiß, dass Angst einen völlig lähmen kann.

Herr, hilf mir, mich immer wieder daran zu erinnern, dass du mich wie ein Vater liebst. Du möchtest nicht, dass ich von der Angst beherrscht werde, sondern dass ich in der Gewissheit lebe, dass du diese Welt in deinen Händen hältst und immer bei mir bist.* Meine Liebe und mein Wunsch, mein Kind zu beschützen, sind gar nichts gegen *deine* Liebe und *deinen* Willen, ihn und mich zu behüten. Deine Liebe und deine Macht sind größer, als ich es mir jemals vorstellen kann.*

Hilf mir, meinem Sohn beizubringen, sich an dich zu wenden, wenn er Angst hat.* Zeig mir, wie ich ihn ermutigen kann, in einem guten Maß Dinge zu wagen. Hilf ihm zu einem so mutigen Mann heranzuwachsen, wie Josua es war.*

Diese Welt wird niemals ein sicherer Ort sein. Ich kann mein Kind nicht vor allen Gefahren bewahren. Aber ich kann ihm von seinem Vater im Himmel erzählen, der ihn noch mehr liebt als ich. Du hast jedes Haar auf seinem kleinen Kopf gezählt.* Du bist der Einzige, der ihn niemals verlassen wird.* Du kannst seine (und meine) Ängste durch deinen Frieden überwinden - einen Frieden, der so wunderbar ist, dass wir ihn mit unserem Verstand nicht erklären können.*

Wir dürfen darauf vertrauen, dass wir eines Tages mit dir zusammen im Himmel sein werden.* Wir werden dort völlig sicher sein. Nichts und niemand kann uns diese Gewissheit rauben.

Wenn ich dachte: „Nun stürze ich!“,
hast du mich mit deiner Güte gestützt.
Wenn mir das Herz schwer war von tausend Sorgen,
hat mich dein Trost wieder froh gemacht.
(Psalm 94,18–19)

* Bibelverse (in der Reihenfolge der mit Sternchen markierten Stellen im Gebet): Römer 8,15–17; Epheser 1,18–20; Psalm 56,3–4; Josua 1,9; Matthäus 10,29–31; 5. Mose 31,6; Philipper 4,6–7; 1. Johannes 5,13

Dafür will ich heute beten:

Eine Eigenschaft Gottes, auf die ich mich heute konzentrieren will: (Danke, Gott, dass du ...)

Eine Verheißung aus der Bibel für diesen Tag:

28. TAG

Ein Herz voller Dank

In jeder Familie gibt es unzählige Bedürfnisse zu stillen und Anforderungen zu bewältigen. Jeder von uns hat seine Liste, die er abarbeiten muss, und seine Zielvorgaben, die es zu erfüllen gilt. Und außerdem sind da noch all die Dinge, die wir für unsere Kinder erreichen möchten. Da verliert man sich leicht in all den Aufgaben und vergisst das Offensichtliche: all das, was Gott bereits für uns getan hat!

GOTT, ich lasse mich so leicht von all den Nöten und Sorgen in unserer Familie niederdrücken. Das viele, was erledigt werden muss (und das viele, um das ich dich gebeten habe), wächst mir über den Kopf und ich vergesse völlig, wie viel du bereits für mich getan hast. Wie oft habe ich schon vergessen, dir Danke zu sagen!

Da bin ich meinem Sohn sehr ähnlich. Er scheint immer irgendetwas zu wollen. Aber nur selten bedankt er sich bei mir für etwas, was ich für ihn getan habe. Meist betrachtet er es als Selbstverständlichkeit und nimmt kaum Notiz von dem, was ich für ihn tue. Ich sehne mich so sehr danach, dass er einmal sagt: „Danke, Mami! Du bist doch die Beste!" Das würde mich so froh machen.

Herr, auch du sehnst dich nach dem Lobgesang deiner Kinder!* Du bist nicht auf unser Lob angewiesen, aber du freust dich daran. Du beschenkst uns gerne mit allerlei Gutem und erwartest keine Gegenleistung. Doch es würde dir große Freude bereiten, wenn wir dir dafür danken würden. Du hast zehn Aussätzige geheilt, Herr, aber nur einer kehrte zu dir zurück, um dir zu danken.* Ich möchte sein wie dieser eine – ich möchte dir zum Dank mein ganzes Leben hingeben! Und ich möchte, dass auch meine Kinder ein dankbares Herz haben.

Du hast uns in deinem Wort gesagt, dass wir allezeit dankbar sein sollen.* Wenn ich dir meinen Dank bringe, mache ich mir bewusst, dass du es bist, der für mich sorgt, und dass ich mich in jeder Lebenslage auf dich verlassen kann. Mir ist in schwierigen Zeiten nicht immer zum Danken zumute – aber ich will es versuchen, Vater.

Lass mich gleich damit anfangen, indem ich dir dafür Danke sage, dass du es bist, der mich froh macht.* Du erhältst mich und sorgst für mich und du bereitest mir große Freude! Herr, ich danke dir auch dafür, dass du so bist, wie du bist. Du bist mein Papa im Himmel.* Du bist der König der Könige.* Du bist der, in dem keine Spur von Finsternis ist.* Du bist es, der mich liebt wie kein anderer* und der immer gut zu mir ist.*

Je mehr ich lerne, dich zu loben, umso mehr lass auch alle meine Beziehungen von dieser inneren Haltung geprägt sein. Erinnere mich immer wieder daran, andere zu loben und zu ermutigen. Und hilf mir, mit meinem Kind eine dankbare Lebenshaltung einzuüben. Zeig uns heute einen Menschen, dem wir unsere Dankbarkeit ganz konkret und auf liebevolle Art zeigen können.

Bitte, Vater, lass unser Haus voll von dankbaren Menschen sein!

Denn der Herr ist freundlich zu seinem Volk,
er erhöht die Erniedrigten durch seine Hilfe.
Alle, die zum Herrn gehören, sollen jubeln,
weil er sie zu Ehren gebracht hat!
Sie sollen vor Freude singen, auch in der Nacht!
(Psalm 149,4–5)

* Bibelverse (in der Reihenfolge der mit Sternchen markierten Stellen im Gebet): 1. Chronik 16,25; Lukas 17,11–19; 1. Thessalonicher 5,18; Psalm 21,6; Römer 8,15; 1. Timotheus 6,15; 1. Johannes 1,5; Johannes 3,16; Psalm 34,8

Dafür will ich heute beten:

Eine Eigenschaft Gottes, auf die ich mich heute konzentrieren will: (Danke, Gott, dass du ...)

Eine Verheißung aus der Bibel für diesen Tag:

29. TAG

Keine Zeit mehr für die Ehe?

Tagein, tagaus dreht sich alles um die Kinder. Sie nehmen unsere meiste Zeit in Anspruch. Da kann es schnell passieren, dass man die Beziehung zum Ehepartner vernachlässigt. Doch das ist gefährlich. Auch um unserer Kinder willen dürfen wir nicht in diese Falle tappen.
(Wenn Sie alleinerziehend sind, entspricht der Text vom 30. Tag vermutlich eher Ihren Bedürfnissen.)

HERR, wie soll ich bei all diesem Trubel noch Zeit für meinen Mann haben? Er ist beschäftigt, ich bin müde. Und wenn wir die Kinder endlich ins Bett gebracht haben, sind wir meist zu erschöpft für eine ernsthafte Unterhaltung – von unserem Liebesleben ganz zu schweigen! Oft habe ich das Gefühl, als Ehefrau völlig zu versagen. Gleichzeitig bin ich aber auch enttäuscht von meinem Mann. Manchmal befürchte ich, dass unsere Beziehung verkümmern könnte. Ich denke mir häufig: *An unserer Beziehung können wir auch später noch arbeiten, wenn sich alles etwas beruhigt hat.* Aber das Leben wird nicht ruhiger werden. Höchstens komplizierter.

Vater, die Beziehung zu meinem Mann muss – nach der Beziehung zu dir – an erster Stelle stehen. Es scheint so natürlich, die Kinder an die erste Stelle zu setzen. Ihre Bedürfnisse sind so elementar! Dadurch rutscht unsere Ehe oft an den zweiten Platz. Aber auf lange Sicht wird uns das allen schaden. Die Geborgenheit, die unsere Kinder erleben, entsteht zum Großteil durch die Erfahrung, dass Mama und Papa sich lieb haben. Außerdem lernen sie an uns, was es heißt, Mann und Frau zu sein. Hilf uns zu bedenken, dass unsere Kinder uns beobachten (manchmal ist das ein erschreckender Gedanke!), und unterstütze uns dabei, auf unsere Beziehung achtzugeben und sie klug zu gestalten.*

Vergib mir, wenn ich wieder einmal nur sehe, was mich an meinem Mann stört.* Erinnere mich in solchen Situationen an meine eigenen Fehler.* Ich will dir heute für zwei Eigenarten meines Mannes danken, die ich an ihm liebe, und zwar dafür, dass er ________________, und dafür, dass er ________________. Ich bitte dich, dass ich ihn heute freundlich begrüßen kann, wenn er nach Hause kommt. Gib mir die rechten Worte, um ihn für Dinge, die er gut macht, zu loben und ihn zu achten. Gib uns Weisheit, damit wir regelmäßig Zeit finden, ganz unter uns zu sein.* Schenk mir die Energie und die Kreativität, das Feuer in unserer Beziehung neu zu entfachen. Ich habe oft so wenig zu geben, Herr, darum will ich auf deine Hilfe bauen! Ich danke dir, dass du das Band bist, das meinen Mann und mich verbindet, und dass du *für* – und nicht gegen – unsere Ehe bist! Mit deiner Kraft und Hilfe werden wir es gemeinsam schaffen!*

Ich gebe euch ein neues Herz und einen neuen Geist.
Ich nehme das versteinerte Herz aus eurer Brust
und schenke euch ein Herz, das lebt.
Ich erfülle euch mit meinem Geist
und mache aus euch Menschen,
die nach meinen Ordnungen leben,
die auf meine Gebote achten und sie befolgen.
(Hesekiël 36,26–27)

* Bibelverse (in der Reihenfolge der mit Sternchen markierten Stellen im Gebet): Epheser 5,15; Sprüche 14,1; Psalm 139,24; Hoheslied 1,4; Prediger 4,9–12

Dafür will ich heute beten:

Eine Eigenschaft Gottes, auf die ich mich heute konzentrieren will: (Danke, Gott, dass du ...)

Eine Verheißung aus der Bibel für diesen Tag:

30. TAG

Hilfe, ich bin völlig auf mich gestellt!

Viele Frauen haben das Gefühl, bei der Kindererziehung „auf verlorenem Posten“ zu stehen. Manche sind alleinstehend, andere haben Ehemänner, die beruflich viel unterwegs sind, und wieder andere sind auf sich gestellt, weil die Beziehung nicht vom gemeinsamen Glauben getragen wird. Es gibt im Leben jeder Mutter Zeiten, in denen sie sich in ihrer Rolle im Stich gelassen und völlig überfordert fühlt.

HIMMLISCHER VATER, heute bin ich völlig niedergeschlagen und verunsichert. Ich fühle mich wie ein zerbrechliches Schilfrohr, das vom Wind umgeknickt zu werden droht. Ich versuche verzweifelt, eine gute Mutter zu sein, aber ich schaffe es einfach nicht allein. An manchen Tagen möchte ich am liebsten aufgeben. Ich habe Angst, meine Kinder könnten darunter leiden, dass ich ihnen vieles nicht geben kann, weil ich selbst körperlich und emotional an meine Grenzen komme.

Sende mir deinen Heiligen Geist, Vater. Hilf mir! Hilf den Kindern! Du hast gesagt, dass deine Kraft ausreicht und dass du in meiner Schwachheit deine Kraft zeigen wirst.* Schenk uns heute deine Kraft und Gnade.

Ich liebe die Geschichten in der Bibel, die davon erzählen, wie du auf wunderbare Weise für uns Menschen sorgst. Du hast die Verpflegung eines kleinen Jungen – etwas Brot und zwei Fische –

genommen, um damit 5.000 Menschen satt zu machen, und am Ende waren sogar noch einige Körbe mit Brot übrig!* Du bist geradezu verschwenderisch in deiner Güte! Herr, ich habe dir nur ein paar kleine „Fische“ zu bieten. Nimm du meine müden Anstrengungen und vermehre sie um meiner Kinder willen. Vater, versorge sie in einem Maß, das mein Verstehen übersteigt.* Schenke ihnen männliche Vorbilder. Stelle mir andere Erwachsene zur Seite, die mich bei der Erziehung unterstützen – die mir dort unter die Arme greifen, wo meine Schwächen liegen, und die unsere Familie stark machen. Du kümmerst dich um die Waisen und Witwen.* Es macht dir Freude, uns mit Gutem zu versorgen.* Und du benutzt deinen irdischen Leib – die Gemeinde –, um zu zeigen, wie du für die Deinen sorgst. Lehre meine Kinder, dich „Vater“ zu nennen, und lass sie erleben, wie du für sie sorgst und sie immer und immer wieder mit deiner Liebe überschüttest.

Danke, Vater, dass du meine Bitten erhörst. Du gibst mir neuen Mut, du hörst mein Schreien.* Und auch wenn ich mich völlig alleingelassen fühle, bist du doch bei mir. Du wirst mir niemals deine Hilfe entziehen und mich nie im Stich lassen.* Du bist meine Stärke, darum fürchte ich mich nicht! Du hast in mir und in meinen Kindern das gute Werk begonnen. Du wirst es auch vollenden bis zu dem Tag, an dem Christus wiederkommt.*

Der Herr, der wahre und einzige Gott, hat den Himmel geschaffen, wie ein Zelt hat er ihn ausgespannt; er hat die Erde ausgebreitet und Pflanzen und Tiere auf ihr entstehen lassen; er hat den Menschen auf der Erde Leben und Geist gegeben. Er ist es auch, der gesagt hat: „Ich, der Herr, habe dich berufen, damit du meinen Auftrag ausführst. Ich stehe dir zur Seite und rüste dich aus. Ich mache dich zum Friedensbringer für die Menschen und zu einem Licht für alle Völker.“

(Jesaja 42,5-6)

* Bibelverse (in der Reihenfolge der mit Sternchen markierten Stellen im Gebet): 2. Korinther 12,9; Johannes 6,1-13; Epheser 3,20; Jakobus 1,27; Matthäus 7,11; Psalm 10,17; Josua 1,5 und Hebräer 13,5; Philipper 1,6

Dafür will ich heute beten:

Eine Eigenschaft Gottes, auf die ich mich heute konzentrieren will: (Danke, Gott, dass du ...)

Eine Verheißung aus der Bibel für diesen Tag:

31. TAG

Sehnsucht nach Ruhe

Ein Kind scheint das perfekte Beispiel für ein sogenanntes „Perpetuum mobile“ (also eine Konstruktion, die angeblich unaufhörlich in Bewegung bleibt) zu sein, und darum befinde ich mich auch fortwährend in Bewegung! Einen Ort der Stille zu suchen und zu finden ist so, als würde man gegen die Schwerkraft ankämpfen. Aber unsere Seele sehnt sich nach Stille.

HERR, wenn ich doch nur stillsitzen könnte? Aber wenn ich zu lange stillsitze, klettert mit Sicherheit eines meiner Kinder auf den höchsten Ast und ein anderes schaukelt am Kronleuchter. Und außerdem: Wenn ich mir Ruhe gönne, schlafe ich womöglich ein und wache nie wieder auf! Aber es gibt da diesen kleinen, verstaubten Platz in meinem Innern, der sich nach Ruhe und Stille und nach deiner Gegenwart sehnt. Und jetzt, in diesem Augenblick, werde ich still, um zu erkennen, dass du Gott bist.* Bringe mich durch deine Liebe zur Ruhe, Herr.*

Ich sehne mich danach, deine Stimme zu hören. Und ich bin froh, dass diese Stimme manchmal wie ein lauter Donner ist,* sonst würde ich sie bei all dem Lärm in dieser Familie vielleicht gar nicht hören. Deine Stimme hat die Macht, einen Sturm zu stillen und das Toben der Wellen zum Verstummen zu bringen.* Stille den Sturm in meinem Leben, Herr. Lehre mich, auf dich zu hören, ohne mich ablenken zu lassen.

Zeige mir, wie ich Ruhe finden kann. Du hattest viel mehr zu tun als ich, doch wenn du müde warst, gönntest du dir eine Pause.* Lass mich darin auch ein Vorbild für meine Kinder sein. Du hast gesagt, wenn wir stille werden und zu dir umkehren, werden wir gerettet werden; Stillesein und Hoffen sind unsere Stärke.* Ich wähle oft genau das Gegenteil. Herumzuwirbeln, als hinge alles an mir, fällt mir oft leichter. Vergib mir, Vater! Du hast gesagt, dass du dich mir zuwenden willst und dass ich deinen Segen erfahren werde, wenn ich bereit bin, still zu werden.* Jetzt, in diesem Augenblick, beschließe ich, vor dir still zu werden – offen für das, was du für mich und meine Kinder heute bereitet hast.

Überrasche mich heute mit deiner Stille, Herr! Vielleicht finde ich sie, während ich gerade in einer Warteschlange stehe oder in einem anderen, unerwarteten Moment. Schenk mir die nötige Aufmerksamkeit für dein leises Reden. Nähre in mir die Sehnsucht nach einem sanften und stillen Geist, der in deinen Augen so kostbar ist. So kann ich selbst in der Hektik und im Lärm dieser Tage deine Gegenwart wahrnehmen, die mich zur Ruhe führt.

Kommt, lasst uns alles daransetzen,
ihn und seine Wege zu erkennen!
So gewiss der Nacht ein Morgen folgt,
so gewiss zu seiner Zeit der Regen fällt,
der das ausgedörrte Land durchfeuchtet,
so gewiss kommt Er, um uns zu helfen!
(Hosea 6,3)

* Bibelverse (in der Reihenfolge der mit Sternchen markierten Stellen im Gebet): Psalm 46,11; Zefanja 3,17; Ijob 37,4; Psalm 107,29; Markus 6,31; Jesaja 30,15; Jesaja 30,18

Dafür will ich heute beten:

Eine Eigenschaft Gottes, auf die ich mich heute konzentrieren will: (Danke, Gott, dass du ...)

Eine Verheißung aus der Bibel für diesen Tag:

ANHANG 1

Sie dürfen mit Zuversicht im Gebet vor Gott treten

Vielleicht haben Sie dieses Buch zur Hand genommen, weil Ihnen bewusst ist, dass Sie für Ihr Kind beten sollten. Oder eine gute Freundin hat es Ihnen geschenkt, weil sie Ihnen Mut machen wollte.

Aber möglicherweise denken Sie sich auch: *Ich weiß gar nicht, wie das mit dem Beten eigentlich geht. In meinem Leben ist schließlich so vieles nicht in Ordnung. Ich kann mir gar nicht richtig vorstellen, dass es jemanden gibt, der mein Gebet hören wird. Ich bin mir auch nicht sicher, ob ich an Gott glaube. Wie soll ich da für mein Kind beten?*

Sie sind damit nicht allein. Irgendwann haben die meisten Menschen solche oder ähnliche Gedanken. Wir fragen uns, ob es Gott wirklich gibt und ob er sich überhaupt dafür interessiert, was uns beschäftigt. Und wir fragen, wie es möglich ist, in einer Beziehung zu ihm zu leben, wo unser eigenes Leben doch so weit hinter dem zurückbleibt, was wir für Gottes Erwartungen an uns halten.

Vielleicht *hoffen* wir ja, das all das wahr ist. Wir *wünschen* uns, dass wir bereits mit Gott leben. Und doch bleiben da diese Schatten der Zweifel.

Ich, Susan, wuchs in einem christlichen Elternhaus auf. Ich kann mich nicht daran erinnern, jemals *nicht* an Gott oder Jesus Christus, seinen Sohn, geglaubt zu haben. Ich bemühte mich, in der Bibel zu lesen, aber es bedeutete mir nicht besonders viel. Ich ging davon aus, dass zum Christsein gehört, ein guter Mensch zu sein. Und wenn ich sterben sollte, so dachte ich, und auch nur ein klein wenig mehr Gutes als Schlechtes vollbracht hätte, dann würde ich auch in den Himmel kommen. Auf dem College lernte ich einige Studenten kennen, die mich faszinierten. Einer von ihnen fragte mich: „Susan, glaubst du an Gott?“

„Na ja“, antwortete ich, während ich mich gleichzeitig über eine so merkwürdige Frage aus dem Mund eines so gut aussehenden Jungen wunderte, „ich denke schon. Ich hoffe es zumindest.“

Mein kluger Freund antwortete: „Susan, Gott möchte nicht, dass du es *denkst* oder *hoffst*. Er will, dass du weißt, dass du zu Gott gehörst.“

Er fuhr fort, mir zu erzählen, dass Gott einen einzigartigen Plan für mein Leben hat. Ich aber sei, wie jeder andere Mensch auch, ein Sünder (ein selbstsüchtiger Mensch) und somit von Gott getrennt. Meine guten Werke würden mich nicht in den Himmel bringen. Aber Gott wolle es nicht dabei belassen. Er habe seinen Sohn Jesus Christus auf diese Erde geschickt, damit er für meine Sünden stirbt und mir so den Weg öffnet, Gott persönlich kennenzulernen. Dann las mein Freund mir eine Verheißung aus der Bibel vor. In dem Vers ging es darum, dass Gott symbolisch vor der Tür unseres Herzens steht und anklopft. Da heißt es: „Gebt acht, ich stehe vor der Tür und klopfe an! Wenn jemand meine Stimme hört und öffnet, werde ich bei ihm einkehren“ (Offenbarung 3,20).

Mein Freund fragte mich: „Susan, hast du Jesus Christus jemals gebeten, in dein Leben hineinzukommen und dein Erlöser zu werden?“

Mir wurde bewusst, dass ich das niemals getan hatte. Stattdessen hatte ich auf Grund meines familiären Hintergrundes den Glauben meiner Eltern gelebt. Was ich brauchte, war eine persönliche Glaubensüberzeugung.

Mein Freund fragte mich, ob ich beten und Gott in mein Leben einladen wolle. Obwohl es vieles gab, was ich nicht verstand, und mir die ganze Situation etwas verrückt vorkam, wusste ich doch, dass ich dieses Gebet sprechen wollte und musste. Also tat ich es. Mein Freund betete laut vor und ich sprach die Worte im Stillen nach.

Meine bewusste Hinwendung zu Gott war kein emotionales

Erlebnis. Ich löste mich vom Glauben meiner Eltern und fand meinen persönlichen Glauben. Bei anderen ist diese Entscheidung von heftigen Emotionen begleitet. Aber jeder Mensch ist anders und Gott begegnet jedem auf seine einzigartige Weise.

Meine Freundin Barbara wuchs in einem von wissenschaftlichem Denken geprägten Elternhaus auf, in dem man Gott nicht kannte. Man sprach dort selten über Glaubensthemen. Sie besaß weder eine religiöse Prägung noch ein echtes Interesse an Gott, als sie heiratete und eine Familie gründete. Doch als sie und ihr Mann schließlich vor all den Herausforderungen in Beruf, Ehe und Kindererziehung standen, wurde ihnen klar, dass sie etwas brauchten, was trägt. Sie spürten, dass es noch mehr im Leben geben musste – einen tieferen Sinn. Sie suchten Unterstützung in der Kindererziehung und begannen, nach Gott zu fragen.

Mit der Zeit kamen auch sie dahin, Jesus Christus in ihr Leben einzuladen und ihm einen zentralen Platz in ihrer Familie einzuräumen.

Es spielt also keine Rolle, welchen familiären Hintergrund wir mitbringen oder was wir getan oder nicht getan haben. Gott möchte, dass jeder von uns zu ihm kommt, so wie er gerade ist. Er möchte, dass wir in einer persönlichen Beziehung zu ihm leben und nicht nur in der vagen Hoffnung, dass es ihn gibt.

Also: Wenn Sie sich nicht sicher sind, ob Sie Christus bereits bewusst in Ihr Leben eingeladen haben, und dies jetzt gerne tun würden, möchte ich Ihnen ein Gebet vorschlagen, das dem ähnelt, das mein Freund damals mit mir gebetet hat. Ich möchte Ihnen Mut machen, dieses Gebet zu sprechen und Christus die Tür zu Ihrem Herzen zu öffnen.

Lieber Jesus, ich brauche dich.
Ich öffne dir jetzt die Tür meines Herzens
und bitte dich, hereinzukommen.
Danke, dass du mir all meine Schuld vergibst.
Und danke, dass du mir versprochen hast,
mich niemals zu verlassen.

Danke für die Zusicherung,
dass ich eines Tages bei dir im Himmel sein werde –
nicht weil ich gut bin,
sondern weil mir all meine Schuld vergeben wurde.

Wenn Sie Christus bitten, in Ihr Herz zu kommen, geschehen mehrere Dinge:

1. *Er kehrt bei Ihnen ein!* Vielleicht wurde Ihre Einladung von starken Gefühlsempfindungen begleitet, vielleicht auch nicht. Wenn es so war, ist das toll. Wenn nicht, sollten Sie sich deswegen keine Sorgen machen. Dass Christus in Ihr Leben eingekehrt ist, zeigt sich nicht an der Intensität der Gefühle. Er kommt, weil wir ihn darum bitten. Unsere Beziehung zu ihm beruht nicht auf Gefühlen. Sie beruht vielmehr auf dem Vertrauen darauf, dass er erfüllen wird, was er uns versprochen hat.

Gebt acht, ich stehe vor der Tür und klopfe an!
Wenn jemand meine Stimme hört und öffnet,
werde ich bei ihm einkehren.
Ich werde mit ihm das Mahl halten und er mit mir.
(Offenbarung 3,20)

Sie sollen wissen, dass sie auf ein ewiges Leben
hoffen dürfen. Das hat Gott, der nicht lügt,
schon vor unendlich langer Zeit versprochen.
(Titus 1,2)

2. *Er verspricht Ihnen, dass er Sie niemals verlassen wird.* Selbst wenn Sie ihn vergessen oder alles falsch machen, wird er Sie niemals im Stich lassen.

Gott hat doch gesagt: „Niemals werde ich dir meine Hilfe entziehen, nie dich im Stich lassen."
(Hebräer 13,5)

Wohin soll ich gehen vor deinem Geist,
und wohin soll ich fliehen vor deinem Angesicht?
Führe ich gen Himmel, so bist du da;
bettete ich mich bei den Toten, siehe, so bist du auch da.
Nähme ich Flügel der Morgenröte und bliebe
am äußersten Meer, so würde auch dort
deine Hand mich führen und deine Rechte mich halten.
(Psalm 139,7–10; Luther)

3. *All Ihre Schuld ist vergeben.* Wenn Sie ihn bitten, er möge Ihnen Ihre Schuld vergeben, dann tut er das auch. Das gilt selbst für die Dinge, die Sie kaum über die Lippen bekommen. Und er ist bereit, Ihnen auch in Zukunft zu vergeben, wenn Sie etwas falsch machen. Sie müssen ihm nur Ihre Schuld bekennen und ihn um seine Vergebung bitten.

Wenn wir aber unsere Verfehlungen eingestehen,
können wir damit rechnen, dass Gott treu und gerecht ist:
Er wird uns dann unsere Verfehlungen vergeben
und uns von aller Schuld reinigen,
die wir auf uns geladen haben.
(1. Johannes 1,9)

So fern der Osten vom Westen liegt,
so weit entfernt er die Schuld von uns.
(Psalm 103,12)

4. *Sie dürfen gewiss sein, dass Sie eines Tages mit ihm im Himmel sein werden.* Ob jemand in den Himmel kommt, hängt nicht davon ab, ob er ein guter Mensch war. Sie könnten niemals gut genug sein; niemand kann das. Die einzige Bedingung, um in den Himmel zu kommen, ist, das Geschenk anzunehmen, dass Christus uns gemacht hat: sein Tod am Kreuz, an dem er alle Schuld auf sich genommen hat.

Und das ist das Zeugnis,
dass uns Gott das ewige Leben gegeben hat,
und dieses Leben ist in seinem Sohn.
Wer den Sohn hat, der hat das Leben;
wer den Sohn Gottes nicht hat, der hat das Leben nicht.
(1. Johannes 5,11–12; Luther)

5. *Er hat Ihnen seinen Heiligen Geist gegeben, damit Sie das Leben führen können, das er sich für Sie ausgedacht hat.* Es hilft nichts, wenn wir die Zähne zusammenbeißen und uns noch ein bisschen mehr ins Zeug legen. Christus hat Ihnen die Kraft des Heiligen Geistes gegeben, damit Sie zu dem Menschen werden können, den Gott vor Augen hatte, als er Sie schuf. Gott weiß, dass Sie das nicht aus eigener Kraft erreichen können. Er möchte, dass Sie sich immer mehr auf ihn verlassen. Wenn Sie auf seinen Heiligen Geist vertrauen, werden Sie seine Kraft erleben, die unsere menschlichen Möglichkeiten übersteigt.

Der Vater wird euch in meinem Namen den Helfer senden,
der an meine Stelle tritt, den Heiligen Geist.
Der wird euch alles Weitere lehren
und euch an alles erinnern,
was ich selbst schon gesagt habe.
(Johannes 14,26)

Aber wenn der Helfer kommt, der Geist der Wahrheit,
wird er euch anleiten, in der vollen Wahrheit zu leben.
Was er euch sagen wird, hat er nicht von sich selbst,
sondern er wird euch nur sagen, was er hört.
Er wird euch jeweils vorbereiten auf das,
was auf euch zukommt.
(Johannes 16,13)

6. *Sie werden Teil einer neuen Familie und bekommen Brüder und Schwestern in Christus, die Ihnen helfen, im Glauben zu wachsen.* So wie unsere Kinder verschiedene Entwicklungsphasen durchlaufen, werden auch Sie unterschiedliche Wachstumsphasen im Glauben erleben. Es ist wichtig, dass Sie Freunde haben, mit denen Sie über Ihre Fragen sprechen und die Ihnen weiterhelfen können. Es gibt keine Fragen, Zweifel oder Gefühle, die kindisch oder unbedeutend wären. Und es hilft, wenn andere diese Fragen bereits durchlebt haben und Ihnen den Weg zeigen können. Ich möchte Sie ermutigen, sich eine Gemeinde zu suchen, deren Lehren auf dem Wort Gottes gegründet sind. Schließen Sie sich dort einer Kleingruppe an, in der Sie Ermutigung erfahren können.

Was wir so gesehen und gehört haben, das verkünden wir
euch, damit ihr in Gemeinschaft mit uns verbunden seid.
Und die Gemeinschaft, die uns miteinander verbindet,
ist zugleich Gemeinschaft mit dem Vater und mit Jesus
Christus, seinem Sohn. Das erfüllt uns mit großer Freude.
Und wir schreiben euch diesen Brief,
damit unsere Freude vollkommen wird.
(1. Johannes 1,3–4)

Macht also einander Mut und helft euch gegenseitig weiter,
wie ihr es ja schon tut.
(1. Thessalonicher 5,11)

7. *Wenn Sie die Gewissheit haben, dass Christus in Ihrem Leben regiert, werden auch Ihre Kinder Geborgenheit erleben.* Kleine Kinder sind besonders empfänglich für geistliche Wahrheiten. Sie können diesen Anhang auch benutzen, um Ihrem Kind zu zeigen, wie es Christus in sein eigenes Herz einladen kann. Wenn Sie den Eindruck haben, dass Ihr Kind verstanden hat, worum es geht, können Sie mit ihm beten und es selbst sagen lassen, dass es Jesus in sein Herz einladen will. Als besondere Erinnerung könnten Sie Ihrem Kind aufschreiben, wie es diesen bedeutsamen Schritt getan hat. Wenn unsere Kinder Christus in ihr Leben einladen, werden sie unsere Geschwister im Herrn, und wir können gemeinsam im Glauben wachsen. Wie großartig!

Einige Leute wollten auch ihre kleinen Kinder
zu Jesus bringen, damit er sie berühre.
Als die Jünger es sahen, fuhren sie die Leute an
und wollten sie wegschicken.
Doch Jesus rief die Kinder zu sich und sagte:
„Lasst die Kinder zu mir kommen und hindert sie nicht,
denn für Menschen wie sie steht Gottes neue Welt offen.
Ich versichere euch: Wer sich Gottes neue Welt
nicht schenken lässt wie ein Kind,
wird niemals hineinkommen.“
(Lukas 18,15–17)

Denn wer tut, was mein Vater im Himmel will,
der ist mein Bruder, meine Schwester und meine Mutter.
(Matthäus 12,50)

Sie müssen nie wieder nur denken oder hoffen, dass Sie an Gott glauben. Denn jetzt sind Sie ein Mensch, der weiß, dass er an Gott glaubt. Sie wissen das, weil Jesus Ihnen versprochen hat, in Ihrem Herzen einzuziehen, sobald Sie ihn darum bitten. Und Jesus hält seine Versprechen.

Die Bibel sagt: „Weil wir uns auf diesen Herrn verlassen, dürfen wir zuversichtlich und vertrauensvoll vor Gott treten“ (Epheser 3,12). Und darum, liebe Freundin, dürfen Sie mit jedem Anliegen zu Gott kommen, das Sie für Ihr Kind auf dem Herzen haben. Keines ist zu kindisch. Keines wird Gott schockieren. Und es gibt nichts, womit Gott nicht fertig werden könnte. Er sehnt sich danach, dass wir zu ihm kommen und ihm sagen, was wir auf dem Herzen haben. Da geht es Gott mit uns nicht anders als uns mit unseren Kindern. Er liebt uns noch mehr als wir unsere Kinder. Können Sie sich vorstellen, welche Freude es ihm bereitet, wenn wir zu ihm kommen?

Ich bete, dass Sie – während Sie immer wieder mit Hilfe dieses Buches für Ihr Kind beten – in Ihrem eigenen Innersten davon berührt werden, wie sehr Ihr himmlischer Vater Sie liebt.

Susan A. Yates

ANHANG 2

Gottes Segen für jeden Tag

Wollen wir nicht alle unseren Kindern Gutes schenken? Unserem Kind jeden Tag einen biblischen Segen mit auf den Weg zu geben ist ein Geschenk von unschätzbarem Wert: Solch ein Segenswort gibt dem Kind Selbstvertrauen und Mut; es ist Schutz und vermittelt Geborgenheit inmitten einer Angst einflößenden Welt. Suchen Sie Bibelworte heraus und sprechen Sie sie Ihrem Kind persönlich zu, indem Sie den Namen Ihres Kindes in den biblischen Vers einfließen lassen. Geben Sie dieses Wort Ihrem Kind täglich mit auf seinen Weg. Und während Sie das tun, dürfen Sie sich selbst und Ihrem Kind bewusst machen, dass es den sicheren Händen des Vaters im Himmel anvertraut wird.

Ich habe mit dem täglichen Segnen angefangen, als meine Kinder noch sehr klein waren. Jeden Abend, wenn ich sie ins Bett brachte, sprach ich ein Segenswort über ihnen aus. Über viele Jahre hinweg habe ich immer dasselbe Segenswort benutzt. Ich habe jedem Kind die Hand auf den Kopf gelegt – als ein Zeichen des Schutzes und der Geborgenheit – und es dann persönlich mit seinem Namen angesprochen: „__________, möge der Herr dich segnen und behüten. Möge der Herr sein Angesicht über dir leuchten lassen und dir gnädig sein. Möge der Herr sein Angesicht über dich erheben und dir seinen Frieden schenken. Im Namen des Vaters und des Sohnes und des Heiligen Geistes. Amen.“ Mit ganz ähnlichen Worten wurden schon die Israeliten gesegnet (4. Mose 6,24–26).

Ich habe später für zwei meiner Kinder andere Segensworte aus der Bibel ausgewählt, damit jedes Kind seinen ganz persönlichen Segen zugesprochen bekommt. Die wichtigsten Zutaten zum täglichen Segen sind Liebe und Beständigkeit. Wie alles, was Gott freundlich ansieht, haben auch diese täglichen Segensworte unserer Familie unzählig viel Gutes gebracht.

Wenn wir unsere Kinder segnen, folgen wir damit dem Vorbild Jesu. Erinnern Sie sich noch daran, wie die Kinder sich um Jesus drängten und die Jünger sie wegscheuchen wollten, weil er in ihren Augen Wichtigeres zu tun hatte? Jesus wies seine Jünger zurecht und „dann nahm er die Kinder in die Arme, legte ihnen die Hände auf und segnete sie" (Markus 10,16).

Über die Jahre hat es immer wieder längere Phasen gegeben, in denen ich diesen täglichen Segen vernachlässigt habe. Im Rückblick frage ich mich, was so „wichtig" gewesen sein soll, dass ich dafür diese kostbaren Momente geopfert habe, in denen ich meine Kinder hätte segnen können. Doch es gibt eine gute Nachricht: Es ist niemals zu spät, um wieder mit dem täglichen Segnen zu beginnen. Ob Ihr Kind nun drei oder dreißig Jahre alt ist, spielt keine Rolle: Heute ist ein guter Tag, um ihm dieses Geschenk des Segnens zukommen zu lassen.

Ich möchte Ihnen ein paar Vorschläge für mögliche Segensworte machen. Setzen Sie jeweils den Namen Ihres Kindes ein:

Ich bitte Gott, auf den sich unsere Hoffnung gründet,
dass er euch in eurem Glauben mit aller Freude
und allem Frieden erfüllt, damit eure Hoffnung
durch die Kraft des Heiligen Geistes immer stärker
und unerschütterlicher wird.

(Römer 15,13)

Gott selbst aber, der uns seinen Frieden schenkt, vollende
euch als sein heiliges Volk und bewahre euch im Innersten
unversehrt, fehlerlos an Seele und Leib, für den Tag,
an dem Jesus Christus, unser Herr, kommt. Gott ist treu,
der euch berufen hat; er wird euch auch vollenden ...
Die Gnade unseres Herrn Jesus Christus sei mit euch.

(1. Thessalonicher 5,23–24.28)

Und der Gott der Liebe und des Friedens
wird mit euch sein . . .
Die Gnade des Herrn Jesus Christus
und die Liebe Gottes und die Gemeinschaft
des Heiligen Geistes [sei] mit euch allen!
(2. Korinther 13,11.13; Elberfelder)

Der Herr behütet dich;
der Herr ist dein Schatten über deiner rechten Hand,
dass dich des Tages die Sonne nicht steche
noch der Mond des Nachts.
Der Herr behüte dich vor allem Übel,
er behüte deine Seele.
Der Herr behüte deinen Ausgang und
Eingang von nun an bis in Ewigkeit!
(Psalm 121,5–8; Luther)

Gott, unser Vater, hat uns seine Liebe erwiesen
und uns in seiner Gnade einen ewig gültigen Trost
und eine sichere Hoffnung geschenkt.
Wir bitten ihn und unseren Herrn Jesus Christus,
euch getrost und mutig zu machen
und euch Kraft zu geben zu allem Guten,
in Wort und Tat . . .
Der Herr richte euer ganzes Denken und Wollen darauf,
dass ihr Gott liebt und standhaft zu Christus haltet . . .
Der Herr selbst aber, von dem aller Frieden kommt,
schenke euch jederzeit und auf jede Weise seinen Frieden.
Der Herr stehe euch allen bei!
(2. Thessalonicher 2,16–17; 3,5.16)

Mögest du erfüllt sein von der Frucht des Geistes –
von Liebe, Freude, Friede, Geduld, Freundlichkeit,
Güte, Treue, Sanftmut, Keuschheit.
(Nach Galater 5,22–23)

Elizabeth Fitch*

---

* Elizabeth Fitch hat drei erwachsene Kinder und lebt mit ihrem Mann Wray in McLean, Virginia. Sie bietet geistliche Begleitung, Seminare und Einkehrtage an.

ANHANG 3

Bücher und Tipps, die weiterhelfen

Gebet

Garborg, Rolf: *Segne unsere Kinder. Wie wir unsere Familie unter den Schutz Gottes stellen.* Gerth Medien 2004.

Nichols, Fern: *Jedes Kind braucht das Gebet einer Mutter.* Hänssler 2005.

Omartian, Stormie: *Mein Gebet macht mich stark. Was geschieht, wenn Frauen beten.* Oncken 2006.

Yates, Susan A.: *Teenager im Gebet begleiten.* Gerth Medien 2006.

@ Internet

Mütter in Kontakt e. V. Deutschland. Mütter beten für ihre Kinder und deren Schulen. www.muetterinkontakt.de

Ermutigung

Gundlach, Martin (Hg.): *Kinder sind klasse! Das Eltern-Ermutigungsbuch.* R. Brockhaus 2006.

Leman, Kevin: *Das Frauen Anti Stress Buch. Der Weg zu mehr Gelassenheit und Entspannung.* Brunnen Basel 2001.

Pleiter, Allie: *Mutter kommt von mutig. Die Angst um die Kinder – und wie man ihr beikommt.* R. Brockhaus 2005.

Vredevelt, Pam: *Espresso für die Seele. Was Sie anregt und auf gute Gedanken bringt.* Oncken 2005.

Erziehung und Familie

Chapman, Gary/Southern, Randy: *Familienregeln – Familienglück. So sparen Sie sich unnötigen Familienstress.* Brunnen 2005.

Chapman, Gary: *Die fünf Sprachen der Liebe für Kinder.* Francke 2003.

Cloud, Henry/Townsend, John: *Liebevoll Grenzen setzen. Durch Liebe und Konsequenz zur Selbstständigkeit erziehen.* Gerth Medien 2001.

Fabiano, Frank und Catherine: *Die Herzen unserer Kinder berühren.* Gerth Medien 2004.

Littauer, Florence: *Einfach typisch für Eltern. So verstehen und fördern Sie die Persönlichkeit Ihres Kindes.* Gerth Medien 2002.

Maibaum, Frank: *Gestresste Eltern, starke Kinder. Wie gute Erziehung trotz Krisen und Überlastung gelingt.* J. F. Steinkopf Verlag 2004.

Mühlan, Eberhard/Schröter, Andreas: *Total fertig oder voll gut drauf? Helfen Sie Ihrem Kind, mit seinen Gefühlen klarzukommen.* Gerth Medien, 3. Aufl. 2003.

Staal, David: *Ich erzähl dir von Jesus. So machen Sie Ihr Kind mit dem Glauben vertraut.* Gerth Medien 2007.

Kimmel, Tim: *Was mein Kind stark macht. 50 praktische Ideen für Eltern.* Gerth Medien 2007.

@ Internet

Neues Leben für Familien e. V. unterstützt Familien und Ehen und bietet entsprechende Seminare und Familienwochen an. www.team-f.de

Neben der Printausgabe der christlichen Familienzeitschrift „Family" gibt es unter www.family.de Artikel, Tipps, Adressen von Beratungsstellen und sonstige Serviceinformationen, Foren u. v. m. zum Thema Familie und Erziehung.